本书为2014年教育部人文社科青年基金项目"演化博弈视角下的高职校企合作生态系统构建研究——基于长三角高职院校的实证分析"（项目编号：14YJC880034）研究成果
本书得到2015年江苏高校品牌专业建设工程一期项目（项目编号：PPZY2015B194）资助
本书得到2017年江苏高校青蓝工程优秀教学团队项目（项目批准号：苏教师〔2017〕15号）资助

演化博弈视角下的高职校企合作生态系统构建

凌守兴　陈家闯　等　著

苏州大学出版社

图书在版编目(CIP)数据

演化博弈视角下的高职校企合作生态系统构建/凌守兴等著. —苏州：苏州大学出版社，2018.11
ISBN 978-7-5672-2671-5

Ⅰ.演… Ⅱ.①凌… Ⅲ.①高等职业教育-产学合作-研究-中国 Ⅳ.G718.5

中国版本图书馆CIP数据核字(2018)第240110号

演化博弈视角下的高职校企合作生态系统构建

凌守兴　陈家闯　等　著

责任编辑　周建国

苏州大学出版社出版发行
(地址：苏州市十梓街1号　邮编：215006)
镇江文苑制版印刷有限责任公司印装
(地址：镇江市黄山南路18幢润州花园6-1　邮编：212000)

开本 787mm×1092mm 1/16　印张 11　字数 180千
2018年11月第1版　2018年11月第1次印刷
ISBN 978-7-5672-2671-5　定价：40.00元

苏州大学版图书若有印装错误，本社负责调换
苏州大学出版社营销部　电话：0512-67481020
苏州大学出版社网址 http://www.sudapress.com

Preface 序言

当前我国高职教育发展步入了新时代,新时代高职教育的主要矛盾表现为人民群众对优质、多样、多层的教育需要与职业教育不强、不优、不活之间的矛盾,高职教育面临的新挑战主要表现为如何在既有大体量基础上优化高职教育资源,满足经济社会发展和人民群众对职业教育的多样化需求。

校企合作被世界各国公认为是职业教育人才培养的有效途径。习近平同志在十九大报告中明确指出"完善职业教育和培训体系,深化产教融合、校企合作"。近年来,我国几乎所有高职院校都不同程度地参与了校企合作,如校企合作办学、校企协同创新、校企共建实践基地等,有效地促进了校企之间资源共享、优势互补与共同发展。但不可忽视的是,我国高职校企合作存在着合作动力不足、层次不高、内涵不丰富、机制不完善、关系不稳定等瓶颈问题,导致校企合作关系难以深入、健康、稳定发展。

在校企合作过程中,企业经营的逐利性、短期性与高职教育的公益性、长远性之间不可避免会发生矛盾和冲突,高职校企合作的过程实质上是校企双方利益动态博弈的过程。如何进一步深化校企合作,如何厘清高职校企合作的制约因素与促进因素,如何使校企双方利益最大化以实现可持续发展,是新时代高职教育解决新矛盾、迎接新挑战的一个重要命题。

本书基于生态学理论、博弈论思想,首先,在梳理职业教育校企合作相关的理论与国内外政策基础上,构建了校企合作关系博弈模型,并基于演化博弈视角分析了校企合作生态系统的内涵、构成、特征、功能与影响因素。其次,对长三角地区高职校企合作生态系统现状进行了调研,从合作理念、合作能力、合作模式、政策保障、区域环境五个维度探讨了高职校企合作取得的成效与存在的问题,并对典型成功案例进行了具体分析。再次,在理论研究的基础上,通过深度访谈、电话采访、问卷调查等形式对来自全国20多个省（自治区）、424个高职院校（主要是国家级或省级高职院校）、政府、行业及企业（主要是大中型企业）进行了调研与分析，构建了校企合作生态系统评价指标体系。最后，根据评价指标对长三角地区高职教育四个有代表性的典型城市南京、苏州、杭州、宁波进行了健康评价，并在此基础上提出了改进对策建议与未来展望。

本书的价值在于四个方面：一是通过构建校企合作生态系统理论框架体系，丰富与完善现有的校企合作理论，用于指导高职校企合作实践；二是以演化博弈为视角，构建和谐校企合作生态系统和评价指标体系，对长三角高职院校校企合作的实际状况进行评估，其研究成果为高职院校开拓校企合作内涵、深度和提升办学水平有积极的指导意义与实践价值；三是为政府相关职能部门推进校企合作决策及立法提供理论支撑，供相关政府决策部门及时规划、协调与管理校企合作工作；四是通过构建演化博弈视角下的校企合作生态系统，有效推动提升高职人才培养、增加企业经济效益、发展区域经济三者生态化与可持续发展。

本书的创新之处在于：将生态学理论与博弈论思想有机结合起来，通过构建校企合作关系博弈模型、校企合作系统健康评价指标体系来揭示校企合作的影响因素与内在规律，采用实证分析方法对长三角高职院校的校企合作系统进行健康评价，宏观与微观相对合、定性与定量相结合，最后构建演化博弈视角下可持续发展的校企合作生态系统，为促进我国高职校企合作可持续发展提供理论与实证支持。

凌守兴　陈家闯　等
2018年8月

Contents 目录

第一章　绪论 / 1
　一、研究背景、目标与意义 / 1
　　（一）研究背景 / 1
　　（二）研究目标 / 2
　　（三）研究意义 / 3
　二、国内外研究现状 / 4
　　（一）国外研究现状 / 4
　　（二）国内研究现状 / 8
　　（三）研究趋势及研究问题 / 12
　三、研究思路、主要内容及研究方法 / 13
　　（一）研究思路 / 13
　　（二）主要内容 / 14
　　（三）研究方法 / 16
　四、相关概念界定 / 17
　　（一）高职院校 / 17
　　（二）校企合作 / 17
　　（三）生态系统 / 18
　　（四）演化博弈 / 18
　　（五）长三角区域 / 19
　　（六）利益机制 / 19

第二章　职业教育校企合作生态系统相关理论与政策 / 21
　一、职业教育校企合作生态系统相关理论 / 21

　　　　（一）教育生态学理论 / 21
　　　　（二）演化博弈理论 / 26
　　　　（三）新制度经济学理论 / 30
　　　　（四）利益相关者理论 / 33
　　　　（五）可持续发展理论 / 39
　　　　（六）总结与启示 / 42
　　二、国内外职业教育校企合作相关政策 / 43
　　　　（一）国外相关政策 / 43
　　　　（二）国内相关政策 / 48
　　　　（三）总结与启示 / 52

第三章　高职校企合作关系演化博弈模型构建与分析 / 54
　　一、高职校企合作关系演化博弈模型构建 / 55
　　　　（一）假设条件与支付矩阵 / 56
　　　　（二）演化博弈模型构建 / 57
　　　　（三）演化博弈模型分析 / 58
　　二、高职校企合作关系演化的稳定性影响因素 / 60
　　　　（一）合作成本 ΔC / 61
　　　　（二）超额收益 ΔV / 61
　　　　（三）收益分配系数 θ / 61
　　　　（四）成本分摊系数 γ / 62
　　　　（五）违约罚金 P / 62
　　　　（六）政府补贴 G / 63
　　三、结论与启示 / 63
　　　　（一）合理选择战略合作伙伴 / 63
　　　　（二）加快高校体制机制改革 / 64
　　　　（三）构建稳定长效发展机制 / 64
　　　　（四）发挥政府引导激励职能 / 64

第四章　演化博弈视角下的高职校企合作生态系统分析 / 65
　　一、自然生态系统与校企合作生态系统的对比分析 / 65
　　二、校企合作生态系统的内涵 / 68

三、演化博弈视角下高职校企合作生态系统构成条件 / 70
　　（一）合作失败型 / 70
　　（二）企业推动型 / 71
　　（三）院校推动型 / 71
　　（四）均衡合作型 / 72
四、高职校企合作生态系统的构成 / 72
　　（一）外部环境 / 72
　　（二）调节机制 / 73
　　（三）参与主体 / 74
五、高职校企合作生态系统的框架结构及特征 / 74
　　（一）高职校企合作生态系统的框架结构 / 74
　　（二）高职校企合作生态系统框架结构的特征 / 75
六、高职校企合作生态系统的功能 / 78
　　（一）实现各主体资源共享 / 78
　　（二）有效降低信息不对称 / 78
　　（三）营造理论加实践氛围 / 79
　　（四）降低创新成本与风险 / 79
七、高职校企合作生态系统的影响因素 / 80
　　（一）校企利益诉求与博弈 / 80
　　（二）校企合作战略与机制 / 81
　　（三）校企合作成果与转化 / 82
　　（四）高职办学体制与创新 / 83
　　（五）政府角色与职能定位 / 84

第五章　长三角地区高职校企合作生态系统现状调研分析 / 85
一、调研维度确定与调研实施 / 85
　　（一）调研维度确定 / 85
　　（二）调研实施 / 88
二、长三角地区高职校企合作生态系统运行现状分析 / 90
　　（一）企业参与合作意愿较高，院校合作能力有待提升 / 90
　　（二）校企合作模式多样，运行机制有待进一步优化 / 91

　　　　（三）政府政策陆续出台，落地效果有待进一步提升 / 92
　　　　（四）区域环境优越，高职校企合作生态系统初步形成 / 94
　　三、长三角地区高职教育校企合作典型生态模式 / 94
　　　　（一）产教园模式：以苏州电子商务示范基地为例 / 95
　　　　（二）现代学徒制培养模式：以宁波职业技术学院为例 / 98
　　　　（三）企业学院模式：以江苏经贸职业技术学院九如学院为例 / 102
　　　　（四）职教集团模式：以浙江省建设职业教育集团为例 / 108
　　　　（五）总结分析 / 113

第六章　高职校企合作生态系统评价指标体系构建与实证研究 / 115
　　一、高职校企合作生态系统评价要解决的问题 / 115
　　　　（一）与社会发展契合度问题 / 116
　　　　（二）行业企业参与动力问题 / 116
　　　　（三）政府管理方式转变问题 / 116
　　　　（四）校企合作机制创新问题 / 117
　　　　（五）校企合作利益保障问题 / 117
　　二、高职校企合作生态系统评价指标框架设计 / 118
　　　　（一）指标体系设计目标 / 118
　　　　（二）评价指标选择原则 / 119
　　　　（三）指标体系的设计 / 120
　　三、调研实施 / 123
　　　　（一）调研思路 / 123
　　　　（二）调研样本分析 / 123
　　四、实证分析 / 125
　　　　（一）AHP模型设计相关因子分析 / 125
　　　　（二）建立AHP模型 / 128
　　　　（三）评价结果 / 132
　　五、启示与改进方向 / 134

第七章　总结与展望 / 135
　　一、主要结论 / 135
　　　　（一）校企利益有本质区别，其合作过程是动态博弈过程 / 135

（二）与自然生态系统相似，高职校企合作也存在生态系统 / 136
  （三）长三角地区区域环境优越，高职校企合作生态系统初步形成 / 136
  （四）理论与实践研究有待深化，政策环境保障有待加强 / 137

二、主要建议 / 138
  （一）强化政府推动职能，推进校企合作政策落实 / 138
  （二）构建利益机制，激发校企参与合作积极性 / 138
  （三）突出创新驱动，实现校企合作运行机制创新 / 142
  （四）增强高职院校合作能力，提升校企合作绩效 / 142
  （五）推进校企深度对接，实现校企共生共长 / 143
  （六）实施系统多元化评价，促进系统协调发展 / 143

三、未来展望 / 144
  （一）政府政策效应逐步显现，校企合作环境不断向好 / 144
  （二）企业经济转型升级，参与校企合作动力不断增强 / 145
  （三）国家启动优质校建设，校企合作助力学校内涵建设 / 145

附录1："高职教育校企合作发展现状及影响要素"调查问卷 / 146
附录2："高职校企合作生态系统评价指标三级项目的重要性分析"调查问卷 / 150
附录3："高职校企合作生态系统评价指标项目的重要性分析"专家咨询问卷 / 154
参考文献 / 159
后记 / 165

第一章 绪 论

一、研究背景、目标与意义

（一）研究背景

当前我国高职教育发展步入了新时代，新时代高职教育的主要矛盾表现为人民群众对优质、多样、多层的教育需要与职业教育不强、不优、不活之间的矛盾，高职教育面临的新挑战主要表现为如何在既有大体量基础上优化高职教育资源，满足经济社会发展和人民群众对职业教育的多样化需求。

我国政府高度重视校企合作在职业教育中的作用，出台了多项鼓励政策。2010年，《国家中长期教育改革和发展规划纲要（2010—2020年）》指出："要大力发展职业教育，调动行业企业的积极性。"2015年，《高等职业教育创新发展行动计划（2015—2018年）》指出，通过积极探索混合所有制办学、鼓励行业参与职业教育、发挥企业办学主体作用，激发职业院校活力。2017年，《关于深化产教融合的若干意见》建议，要"深化产教融合，促进教育链、人才链与产业链、创新链有机衔接"。2018年，教育部等六部门专门发布了《职业学校校企合作促进办法》，界定了校企合作的具体形式，并提出了一系列促进措施。另外，习近平同志在十九大报告中明确指出："完善职业教育和培训体系，深化产教融合、校企合作。"

近年来，国家和地方各级政府陆续投入大量资金，以推进高职院校的内涵发展。自2006年起，我国陆续支持了109所国家示范高职院校、100所国家骨干高职院校建设；至2008年，教育部与财政部正式遴选出了100所国家示范性高等职业院校建设单位和8所重点培育高职院校；自2011年起，中央财政投入专项资金支持了约1000个重点专业进行建设。在《高等职业教育创新发展行动计划（2015—2018年）》推动下，2016年以来全国各地掀起建设优质或高水平高职院校的热潮。截至2018年4月9日，全国已有19个省、自治区、直辖市公布优质校立项建设名单，建设院校313所，预计投入建设资金63.65亿元。

从根本上来说，高职院校内涵建设的一大重点内容即为实现高职院校在办学机制、人才培养模式、师资队伍、实践教学条件等全方位的校企合作。而在国家政策、资金支持下，我国高职院校的校企合作状况是否健康，如何评价高职院校的校企合作绩效与深度，校企合作能否有效提升职业教育质量，如何使校企双方利益最大化以实现可持续发展，是新时代高职教育解决新矛盾、迎接新挑战的一系列重要研究课题。

（二）研究目标

本书基于生态学理论、博弈论思想，针对高职技术技能型人才培养的核心问题，构建校企合作生态系统的理论框架体系，通过构建评价指标体系、校企合作关系博弈模型，并通过实证分析来研究校企合作生态系统，最终为推进我国高职人才培养质量提供理论与实证支撑。具体目标如下：

1. 系统探析高职校企合作的可持续发展问题

本书用生态学的理论和方法研究高职人才培养中校企合作系统的构成要素与模型，试图从整体角度对校企合作机制与模式进行梳理，从而为高职院校、政府、企业推进校企深度合作提供决策思路与理论支撑。

2. 构建科学的校企合作生态系统理论框架体系

在理论方面明确回答什么是校企合作生态系统，校企合作生态系统理论框架体系包含哪些方面，和谐的校企合作生态系统对高职教育、企业发展、区域经济发展的影响等，形成比较完整的理论，丰富及完善现有的校企合作理论体系。

3. 构建基于演化博弈的校企合作生态系统

本书将通过构建校企合作生态系统的健康评价指标体系，在此基础上构建校企合作关系动态博弈模型，并通过对长三角地区高职院校的实证分析揭示校企合作的动力因素、制约因素、环境因素等内在机理，最终构建基于演化博弈的校企合作生态系统。

（三）研究意义

1. 理论意义

① 有利于构建全面、系统的校企合作生态系统理论体系，使得高职院校的校企合作理论向多元化、前沿化方向发展；② 通过构建校企合作生态系统健康评价指标体系、校企合作关系动态博弈模型，进行实证研究，为校企合作研究提供成熟的、实操性强的、可量化的研究方法。

2. 实践意义

① 通过构建校企合作生态系统理论框架体系，丰富与完善现有的校企合作理论，用于指导高职校企合作实践；② 以演化博弈为视角，构建校企合作生态系统及其评价指标体系，对长三角地区高职校企合作的实际状况进行评估，其研究成果为提升校企合作内涵、提升办学水平有积极的指导意义与实践价值；③ 为政府相关职能部门推进校企合作决策及立法提供理论支撑，供相关政府决策部门及时规划、协调与管理校企合作工作；④ 通过构建演化博弈视角下的校企合作生态系统，能有效推动高职人才培养、企业经济效益以及区域经济发展三者生态化和可持续发展。

二 国内外研究现状

校企合作教育形式在 20 世纪中叶盛行于欧美等发达国家,由于校企合作在职业教育中发挥了巨大作用,自 20 世纪末以来,国内外学者对校企合作模式、影响因素、发展路径等方面的研究逐步成为热点。

(一) 国外研究现状

国外关于校企合作的研究相对较早,最早可追溯到 20 世纪初,当时美国将校企合作称作合作教育,其核心思想在于把课堂教学和课外实践紧密结合。之后其他国家纷纷展开校企合作。因此,西方发达国家的校企合作模式相对成熟,相关研究也在校企合作诞生之际大范围地开展,研究角度也在不断丰富。至目前,国外关于校企合作的研究可以分为以下几个方面。

1. 关于校企合作模式的研究

随着校企合作被普遍认可,此发展模式也在不断丰富,国外学者从不同角度对校企合作进行分类,并从自身角度将其不断升级和深化。Atlan(1987)将校企合作模式分为资助研究、校企合作研发、研发中心、产学研发联盟、业界协调单位、创业孵化中心与科技园区这六大类,并对这六种模式的特点进行了具体阐述。① H. Etdcowitz 与 L. Leydesdorff(1995)提出了政府—高校—企业合作的三重螺旋结构,并指出这种结构是以知识为主体结合而成,之后,在三重螺旋结构的基础上又提出了政府主导、自由放任以及两者相结合而成的重叠模式。② Santoro(2000)则根据合作水平的不同将校企合作划分为研究支持型、合

---

① Atlan, Taylor. Bring Together Industry and University Engineering Schools in Getting More out for R&D and Technology [R]. The Conference Board, 1987: 22.
② H. Etdcowitz, L. Leydesdorff. The triple helix of university-industry [J]. Government relations: A laboratory for knowledge-based economic development EASST Review, 1995 (1).

作支持型、知识转移型、技术转移型，另外他还发现合作关系紧密度与实际绩效之间呈现显著正相关关系。[①] J. D. Adams 和 E. P. Chiang 等人（2001）提出了共创实验室的校企合作模式，同时指出实验实训中心的应用可以最大化发挥高职院校的社会效益，基于校企合作共建实验室模式下产学研合作平台的构建，可以积极推动院校科研与教学水平。[②]

2. 关于政府对校企合作影响的研究

校企合作离不开政府的引导和支持，尤其是在校企合作的初创时期更是如此。如英国于1945年所发表的《珀西报告》指出了英国忽视人才培养的技术训练、技术院校和大学间缺乏配合、产业界和教育界间缺乏合作等问题，并突出了当时教育"重理论、轻实践"的困境，由此促使了英国政府对校企合作的重视。[③] 至20世纪80年代，英国全面实行职业资格制度，成为推动职业教育与培训的主要政策，英国科学技术教育落后的局面也由此被打破。[④] 另外，一些学者从不同角度探讨了政府在校企合作中的影响。C. Freeman（1987）提出"国家创新系统"的概念，指出仅仅依靠自由竞争市场自发的产学研合作往往不够充分，还需要国家政府进行政策指导和制度支持，这明确了政府在促进产学研合作中的重要作用。[⑤] M. Dalziel（1994）通过调查发现，有82%左右的院校希望增加与企业的联系，而仅有52%的企业想与院校进行合作，并且分析造成这种差别的重要原因可能在于政府对于院校进行技术创新研究方面的施压。[⑥]

[①] M. D. Santoro. Success breeds success: The linkage between relationship intensity and tangible outcomes in industry—university collaborative ventures [J]. Journal of High Technology Management Research, 2000, 11 (2).

[②] J. D. Adams, E. P. Chiang, K. Starkey. Industry-University Cooperative Research Centers [J]. Journal of Technology Transfer, 2001, 26 (1-2).

[③] G. Parry. College higher education in England 1944—1966 and 1997—2010 [J]. London Review of Education, 2016, 14 (1).

[④] S. Jackson. National Cases of Cross-BorderHigher Education: The Experience of the UK [M]. Cross-Border Higher Education and Quality Assurance, 2016: 167-180.

[⑤] C. Freeman. Technology policy and economic performance: Lessons from Japan [M]. London: Printer Publishers, 1987: 110.

[⑥] M. Dalziel. Effective university-industry technology transfer [M]. Conference on Electrical & Computer Engineering, 1994: 743-746.

3. 关于知识与技术转移的研究

校企合作有助于知识与技术的高效转化，院校可以更快地看到其科研成果投入实践，企业也能增加解决技术创新瓶颈的概率，国外学者从不同角度证实了这一点。L. P. Randazzese（1996）认为改善技术转移需要寻求促进开发者和收养者之间人与人交互的机制，而调查研究表明，当企业建立激励机制使技术人员愿意投入时间进行研究学习时，才能最大限度地提升技术转移效率。① D. Birchall 与 J. J. Chanaron（2007）指出校企合作机制可以有效地解决知识转移的方式问题，企业与院校建立合作关系的动因在于企业希望更多地了解未来技术的发展趋势，并提高自身解决技术发展问题的能力。② K. Anderson 和 J. Francois 等人（2016）发现知识转移合作计划（KTP）模式为企业创造了巨大收益，越来越多的企业认为 KTP 有助于自身扩大生产规模和提高生产效率，KTP 模式在英国产学研领域的地位也得到巩固。③

4. 关于校企合作影响因素的研究

为了促进校企合作的顺利开展，对于其影响因素的研究也是校企合作的重点研究领域之一。D. G. R. Mappsc 和 R. N. Paul Morrison 等人（2003）通过相关案例分析，认为充分的信任及良好的沟通是促成校企合作成功的关键因素，并且合作研究在加强校企双方密切度方面起着至关重要的作用。④ A. James（2005）认为校园文化和企业文化之间的差异是影响校企合作的重要因素。⑤ Eliezer Geisler（1995）同样认为校企合作中参与者的文化背景会对合作成效造成较大影响，同时，他还指出校企合作还会受到如政府法律政策、社会经济环境等外部

---

① L. P. Randazzese. Exploring university-industry technology transfer of CAD technology [J]. Transactions on Engineering Management, 1996, 43（4）.

② D. Birchall, J. J. Chanaron. Business School-Industry Cooperation: Lessons from Case Studies in the Automotive Industry [J]. Cheminform, 2006, 31（48）.

③ K. Anderson, J. Francois, D. Nelson. Intra-industry Trade in a Rapidly Globalizing Industry: The Case of Wine [J]. Review of International Economics, 2016, 24（4）.

④ D. G. R. Mappsc, etc. University and industry partnerships: Lessons from collaborative research [J]. International Journal of Nursing Practice, 2003, 9（6）.

⑤ A. James, P. H. D. Severson. Models of university industry cooperation [J]. Journal of Industry-academic-government Collaboration, 2005（2）.

条件的影响。① T. Barnes 和 I. Pashby 等人（2002）认为管理成效会直接影响校企合作效果，而管理成效的优劣取决于管理者的领导能力、合作者之间的信任程度以及信息沟通的有效性等。② I. Feller 和 D. Roessner（1995）研究认为校企合作成功与否受到两个关键因素影响：一是合作形式多样化造成参与者对合作成果抱有不同程度的期待，二是不同参与者对合作成果的评价不同会造成意见分歧，而常规性指标往往难以评价合作参与者的具体收益。③

5. 关于校企合作系统成功经验的研究

国外学者还会通过总结校企合作的成功经验，指出构建校企合作系统的有效途径。L. L. Massay 与 S. J. Udoka 等人（1995）提出了一个以准备、识别和行动为周期的促成校企合作健康发展的框架步骤，其中，准备涵盖全面质量管理、安全性、团队合作、沟通和时间管理等方面的工具；识别需要学生、教师、企业人员在实施现场通过工作探寻质量改进机会；行动则需要合作参与者共同提供过程改进的详细计划方案。④ R. K. Tener（1996）根据普渡大学建筑工程与管理专业 23 年的经验总结出，实施有效的产学研合作途径、构建可持续的校企合作系统，需要做到以下几点：进行有效的联合战略规划、合作管理建筑工程项目、建立有责任感的行业咨询委员会、设计合理的学生实习计划、引入或培养经验丰富的教师。⑤ N. K. Temple 和 C. Auspitz（2000）基于网络协作技术与通讯行为规范的角度，发现通过使用公告板、多媒体组件以及静态内容网站可以改善校企合作伙伴关系。⑥ G. Edmondson 与 L. Valigra 等人（2012）指出成功的校

---

① Eliezer Geisler. Industry—university technology cooperation: a theory of inter-organizational relationships [J]. Technology Analysis & Strategic Management, 1995, 7 (2).

② T. Barnes, I. Pashby, A. Gibbons. Effective University—Industry Interaction: A Multi-case Evaluation of Collaborative R&D Projects [J]. European Management Journal, 2002, 20 (3).

③ I. Feller, D. Roessner. What does industry expect from university partnerships? [J]. National academy of sciences, 1995, 12 (1).

④ L. L. Massay, S. J. Udoka, B. Ram. Industry-university partnerships: A model for engineering education in the 21st century [J]. Computers & Industrial Engineering, 1995, 29 (1-4).

⑤ R. K. Tener. Industry-University Partnerships for Construction Engineering Education [J]. Journal of Professional Issues in Engineering Education & Practice, 1996, 122 (4).

⑥ N. K. Temple, C. Auspitz, B. King. Using the Web to Enable Industry-University Collaboration: An Action Research Study of a Course Partnership [J]. Informing Science the International Journal of An Emerging Transdiscipline, 2000 (3).

企合作要发挥学校的主导作用，要建立长期的灵活的合作战略，要明确分工和职责，要任人唯贤、要鼓励对话和交流、不要执着于知识产权，要使用多种方法来研究和学习、不要执着于评价合作结果，要以研究型大学角色解决社会问题。①

（二）国内研究现状

自20世纪90年代以来，随着高职教育的深入发展，国内职业教育工作者和研究者已经较为系统地研究了校企合作模式、方式、机制、人才培养等，并且取得了一定的成果。近年来，随着高职院校校企合作暴露出不稳定性、难以持久等一系列问题，国内学者开始从生态学、博弈论的角度对校企合作进行研究，主要集中在以下领域。

1. 校企共生理论的研究

随着共生概念的不断发展，学者逐渐将共生理念应用到众多领域，校企合作涉及共生问题，我国学者将共生理论引入到校企合作研究有利于突出校企合作形式的社会经济意义。陈拥贤、周劲松（2008）认为文化建设是提升职业院校"软实力"的重要基础，以此提出校企"共生态"的职业院校文化建设，并提出职业院校应该营造校企共生发展制度环境，构建校企互动的道德素质教育体系，塑造参与式、共享型、服务型的行政模式，构筑校企文化互通的实践平台和服务平台，以此更好地服务社会。②黄立峰、刘建湘（2012）引入生态学的共生理论，对我国中部地区高职院校校企合作进行共生结构特征进行分析，通过对共生界面、共生模式和共生环境三方面的分析，提出应该构建高职院校与企业的共生发展机制，以此有效促进中部地区经济的全面发展。③杨丽波、王玄（2017）以共生理论为主线，从共生要素、共生需求和共生环境三个维度，对英

---

① G. Edmondson, etc. Making Industry-University Partnerships Work Lessons from Successful Collaborations [J]. Business Innovation Board AISBL, 2012 (1).

② 陈拥贤，周劲松. 基于校企共生态的职业院校文化建设的探讨 [J]. 河南科技学院学报，2008 (4).

③ 黄立峰，刘建湘. 中部地区高职院校校企合作共生发展机制研究 [J]. 长沙民政职业技术学院学报，2012 (3).

国以产学研为导向的校企合作改革进行了研究分析，并结合我国的实际情况，提出邀请企业参与教学、政府建立统一的协调机构、推进"产学研"实体化等方面的建议，以此提升青年就业率。① 毛辉（2017）以共生理论为依据，分析了职业教育中的共生现象，主要表现为院校、企业、政府在同一共生环境下进行互动，从而实现共存共赢、和谐发展的局面，并在此过程中形成人才供求生态链。②

2. 校企生态系统发展路径的研究

我国学者通过对具体案例、时代发展背景、校企合作出现的问题等不同角度进行分析，突出了建立校企生态系统的必要性，并依据自身研究角度提出了相应的有效发展路径。吴同喜、孟祥玲（2010）就浙江工贸职业技术学院的实践，研究了高职院校校企一体生态发展路径，提出要实行校企一体化生态系统"三三制"运行模式，并构建校企一体生态系统"五位一体"发展格局。③ 李弟财（2016）发现在大数据、移动互联、生态型组织为代表的新时代下，传统的职业教育价值链在一定程度上被"弯曲"，当前可以通过实施生态战略来实现校企协同发展，促使传统价值链转为用户价值链，单边需求转为双边或多边需求。④ 肖洋（2017）认为互联网的普及为高职院校政校企合作生态系统进入更高层次提供了新机遇，建议根据"互联网＋"时代特征，让校企合作生态系得到创新和变化。⑤ 肖凤翔、陈凤英（2017）发现在校企合作过程中，院校、企业和政府会在追求各自利益的情况下，造成"难有为""不想为""无力为"的尴尬状态，因此，需要构建追求共生发展的校企合作生态环境，通过创新复杂性的合作思维、保障合作主体的话语权、搭建对话性的合作平台、建立问责制的

---

① 杨丽波，王玄. 从教育到职业——共生理论视域下的英国校企合作对我国的启示［J］. 中国职业技术教育，2017（33）.

② 毛辉. 基于共生理论视角的职校校企深度合作研究［J］. 厦门城市职业学院学报，2017，19（4）.

③ 吴同喜，孟祥玲. 高职教育校企一体生态发展路径探析——以浙江工贸职业技术学院校企合作为例［J］. 职业技术教育，2010，31（35）.

④ 李弟财. 生态战略视野下的校企协同研究［J］. 当代职业教育，2016（1）.

⑤ 肖洋. "互联网＋"时代高职院校政校企合作生态系统构建研究［J］. 现代商贸工业，2017（24）.

合作框架、重视外评估的质量督导来提升校企合作效果。①

3. 校企合作利益的研究

校企合作受到各利益相关方的共同影响，我国许多学者都强调兼顾共同利益的重要性，例如王炎斌（2010）指出在高职校企合作过程中应引入生态位管理思想，具体表现为明确"空间生态位"、优化"功能生态位"以及拓展"多维生态位"三大方面，强调要实现利益相关者的整体利益最大化目标。② 陈胜（2013）认为校企合作的实质体现在所有利益相关者追求合作共赢的过程，因此，构建校企合作利益共同体是实现校企良性合作的必要手段。③ 另外，我国部分学者进一步对校企合作利益问题的影响因素进行了探讨，冯树清等人（2010）根据隐喻研究法，把企业参与职业教育的行为视作一种生态行为和过程，通过分析企业参与职业教育的行为，探讨了其生态机理，从而可以更加明确企业参与校企合作的动力源、阻力源和推力源。④ 李林、彭磊、范方方（2017）基于校企合作利益影响因素构建了校企合作利益均衡模型，从院校谈判能力、企业技术转化能力、创新成本占比以及企业期望收益等方面对校企合作影响进行分析，结果显示，校企合作具有双重交易外部性，企业期望收益对合作利益均衡的影响程度最大。⑤

4. 校企合作模式的研究

对于校企合作模式的研究有利于更加具体地指导校企合作的进行，以此为出发点，我国学者提出了丰富的校企合作模式，并对不同模式的侧重点进行了分析与阐释。钟彬杉（2009）认为"校中厂"校企合作不仅体现出了人才培养的新模式，也属于职业教育改革的新尝试，在"校中厂"校企合作模式中，学

---

① 肖凤翔，陈凤英. 校企合作中利益冲突与整合路径［J］. 中国职业技术教育，2017（36）.
② 王炎斌. 利益相关者视阈下高职院校校企合作的生态位管理［J］. 教育与职业，2010（2）.
③ 陈胜. 校企合作利益主体的责权与角色定位研究［J］. 教育与职业，2013（30）.
④ 冯树清，王东强，田书芹. 企业参与职业教育的生态机理探讨［J］. 中国职业技术教育，2010（36）.
⑤ 李林，彭磊，范方方. 协同创新项目中校企合作利益均衡影响因素研究［J］. 湖南大学学报（社会科学版），2017，31（2）.

生实现了"双身份",院校实现了"双丰收",企业实现了"双效益"。① 左家奇（2010）对行业办学、企业育人、生产教学"三重融合"的办学模式进行了深入探讨,并强调要加强以工学结合为总抓手的教育改革,同时推进职业发展导向的人才培养模式改革。② 胡志鹏等人（2010）针对高校科研成果转化问题,提出基于"科研生态系统"的校企合作新模式,其中涉及的方式主要为搭建校企科研合作平台。③ 范青武等人（2013）提出了"六面一体化"的校企深度合作模式,指出该模式是以互惠互利、多元合作为引导面,以制度保障和校企联盟为支撑面,以校企联盟培养、校企共建基地、校企共建课程和校企共建师资四个方面作为着力面,以此促进校企合作良性开展。④ 沈燕（2015）从分析当前高职校企合作育人机制所存在的问题,提出了"5321"校企合作模式,即以"五个节点"的校企合作办公室为纽带,以政府、院校、企业"三个层面"组织机构为基本框架,以校企"双主体"育人为办学理念,以追求共赢为"一个目标"。⑤

5. 校企合作博弈的研究

校企合作关系的建立以及合作过程均涉及院校与企业间的博弈行为,我国学者从博弈导致合作失败的缘由以及博弈视角下校企合作长效机制构建的角度进行了总结和分析。高明（2011）利用囚徒困境合作博弈模型对校企合作效果不理想的原因进行探析,结果显示由于院校与企业之间的利益博弈,往往造成为了避免自身利益损失而都选择不参与或消极参与校企合作建设。⑥ 张俊青（2015）从博弈论视角对校企合作四种选择策略进行了探究,分析后认为校企合

---

① 钟彬杉. "校中厂"校企合作模式的探索与实践 [J]. 黄冈职业技术学院学报, 2009, 11 (2).

② 左家奇. "三重融合"模式下校企合作机制探索 [J]. 高等工程教育研究, 2010 (3).

③ 胡志鹏, 等. 基于"科研生态系统"的校企科研合作模式 [J]. 中小企业管理与科技（下旬刊）, 2010 (1).

④ 范青武, 等. "六面一体"立体化校企深度合作模式的探索与实践 [J]. 实验技术与管理, 2013 (12).

⑤ 沈燕. 高等职业教育校企合作人才培养机制的构建——基于"5321"模式的探索 [J]. 教育发展研究, 2015 (7).

⑥ 高明. 合作博弈视角下的职教集团校企合作探索 [J]. 高等职业教育（天津职业大学学报）, 2011, 20 (3).

作未达成的原因主要是双方在利益回报、话语权以及资源比较优势三方面的不平衡，建议在合作过程中应明确双方的角色定位，建立关系协调机制，共享合作目标等。① 吴健辉、黄志坚、贾仁安（2006）通过构建校企合作博弈模型探讨了校企合作长期稳定性问题，并建议在校企合作过程中要遵循反馈、沟通信任、互惠互利、共同发展。② 王秦、李慧凤（2014）认为合作博弈在于追求合作者之间的信息互通以及既得利益的合理分配，强调理性，重在效率和公平，而基于合作博弈的校企合作长效机制的构建，有助于实现双方资源的优化配置和良性组合，从而提升高职教育服务社会的应用性功能。③ 杨进、张健（2017）发现在校企合作过程中，校企双方会形成合作组织博弈、合作理念博弈、合作利益博弈、合作矛盾博弈、合作政策博弈，为了实现合作共赢，双方必须共同寻求对策出路，实施组织的协同整合，理念的调适整合，政策的配套整合，矛盾的差异整合以及利益的双赢整合。④

（三）研究趋势及研究问题

总体说来，国内外在校企合作的研究方面积累了丰富的理论成果和实践经验，在校企合作模式与路径、企业参与校企合作的动力与机制、如何实现校企共生共长等方面进行了有益的探索，所有这些为我们今后进一步研究奠定了良好的基础。但通过对现有文献的梳理，我们发现目前的研究仍存在着一定的不足：① 现有文献对校企合作的研究往往侧重于机制、模式、方式、知识转移等某一方面，研究样本往往局限于个案选择，不够系统、全面；② 对校企合作的研究，目前大多属于对现状或问题的描述性和介绍性研究，而定量研究方面比较欠缺，缺乏实际操作方面的深入研究；③ 个别文献虽从生态学或博弈论的角度来探讨校企合作问题，而未能将这两者有机结合起来，不能很好地揭示校企双方利益博弈与生态系统形成的动态演变关系。

---

① 张俊青. 高职教育校企合作利益平衡机制探讨——基于博弈论分析的视角 [J]. 高教论坛，2015（6）.
② 吴健辉，黄志坚，贾仁安. 校企合作的演化博弈稳定性分析 [J]. 商业研究，2006（23）.
③ 王秦，李慧凤. 基于合作博弈的校企合作长效机制构建 [J]. 中国职业技术教育，2014（36）.
④ 杨进，张健. 职业教育校企双主体合作的问题、博弈与整合对策 [J]. 中国高教研究，2017（3）.

校企合作是个复杂的系统，该系统的研究涉及太多不可控变量，各种因素也会因多种类型的交互而"突现"混沌现象和很多随机性可能。本书将生态学理论与博弈论思想有机结合起来，通过构建校企合作关系博弈模型、校企合作系统健康评价指标体系来揭示校企合作的影响因素与内在规律，采用实证分析的方法对长三角地区高职院校的校企合作系统进行健康评价，宏观与微观相结合、定性与定量相结合，最后构建演化博弈视角下可持续发展的校企合作生态系统，为促进我国高职校企合作可持续发展提供理论与实证支持。

基于以上研究，我们认为有必要从校企合作生态系统视角研究校企合作，并提出以下研究问题：① 校企合作生态系统理论框架体系是什么？② 在校企合作生态系统中，如何得到校企合作双赢均衡解，从而使得校企合作实现可持续发展？③ 校企合作生态系统健康评价的主体与主要指标包括哪些？

  研究思路、主要内容及研究方法

（一）研究思路

基于目前已有的理论和实践成果，本书的研究思路如图 1-1 所示。

第一步，系统梳理与研究校企合作生态系统的内涵、评价指标、校企合作博弈相关的理论研究文献，系统梳理高职校企合作理论的发展历程，并通过对高职院校、企业相关部门调研，构建校企合作生态系统理论研究框架体系。

第二步，围绕企业和学校两个主要利益相关方，通过架构校企合作关系演化博弈模型，构建演化博弈视角下的校企合作生态系统。

第三步，系统地对校企合作过程中的主要利益相关方、合作机制、人才培养模式、所需资源、影响因素等方面进行深入分析和总结，并在此基础上构建校企合作生态系统健康评价指标体系，以便从宏观与微观两个方面深刻理解和认识校企合作生态系统。

第四步，对长三角地区高职院校（国家示范校、国家骨干校、央财支持等）

```
              ┌─────────────────────────────┐
              │ 对已有研究成果与工作基础的总结及调研 │
              └─────────────────────────────┘
                          │
        ┌─────────────────┼─────────────────┐
        ▼                 ▼                 ▼
┌──────────────┐  ┌──────────────┐  ┌──────────────┐
│校企合作生态系统的│←→│演化博弈视角下校企合作│←→│校企合作关系演化│
│ 理论框架体系构建 │  │生态系统评价指标体系构建│  │ 博弈模型构建  │
└──────────────┘  └──────────────┘  └──────────────┘
        │                 │                 │
        ▼                 ▼                 ▼
┌──────────┐   ┌──────────────────────┐   ┌──────────┐
│高职院校、 │←→│基于长三角地区高职院校的校企合作生态│←→│政府部门、│
│专家      │   │系统健康程度实证分析及长效发展措施 │   │企业      │
└──────────┘   └──────────────────────┘   └──────────┘
                          │
                          ▼
              ┌─────────────────────────────┐
              │为政府、企业、学校推进校企合作提供决策参考│
              └─────────────────────────────┘
```

图 1-1　课题基本研究思路

校企合作状况进行调查，将研究成果反馈给相关高职、政府、企业专家，并依据专家意见对评价指标与博弈模型进行修正，最后形成长三角高职校企合作生态系统现状及长效发展措施报告，为政府、企业、学校推进校企合作提供决策参考。

（二）主要内容

1. 校企合作生态系统理论框架体系的研究

本书基于生态学角度，引入博弈论以及新制度经济学思想，并结合利益相关者等相关概念，以期构建可持续发展的校企合作生态系统。涉及的主要理论包括教育生态学理论、演化博弈理论、新制度经济学理论、利益相关者理论以及可持续发展理论。其中，教育生态学为研究校企合作生态系统内涵及构成提供依据，演化博弈理论为研究校企合作主体决策行为提供依据，新制度经济学理论为研究校企合作制度提供依据，利益相关者理论为研究校企合作主要参与方和利益诉求提供依据，可持续发展理论为研究校企合作目标提供依据。由此所构建的校企合作生态系统理论框架体系见图 1-2。

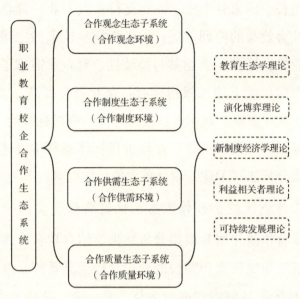

图 1-2 校企合作生态系统理论框架体系

2. 校企合作关系演化博弈模型的构建

校企合作生态系统涉及的利益方较多,其中最为关键的利益方是院校和企业,由于合作双方的利益不均衡、优势不均等、信息不对称等因素,决定了双方的合作是一个"试探、学习、适应、成长"反复博弈的动态过程。本书将基于相关演化博弈理论的研究,初步构建校企合作演化博弈模型,具体包括模型构建假设、模型演化博弈概念界定、模型构建理论基础、构建函数、函数求解及参数分析。本书将对职业素质培养、课程改革、师资培养、技术研发、科技成果转化、职业培训等内容进行校企合作博弈分析,得到校企合作双赢均衡解,探索如何使校企双方的利益最大化,从而使得学校与企业均能在合作过程中得到稳定发展,最终使得校企合作生态系统健康、稳定发展。

3. 演化博弈视角下校企合作生态系统评价指标体系的构建

在校企合作生态系统理论框架下,以校企合作关系演化博弈模型为基础,本书将围绕校企合作的主要利益相关方(学校、企业、政府),遵循科学性、系统性、可操作性、定量与定性相结合的原则,设计了三个一级指标、多个二级指标与若干个三级指标,构建基于"校—企—政"协同的校企合作生态系统健康评价指标体系。一级指标分为学校、企业、政府三个,二级指标的选定主要参照了相关理论文献、前期课题组对校企合作调研的经验积累及教育部人才培养质量（国家示范校、国家骨干校、央财支持重点专业）评估指标等，重点强调学校、企业、社会效益的协调发展。一级指标学校下的二级指标有：学校声誉提高、学生就业机会增加、企业参与持续性、对企业需求了解增强、学术成果增加等。一级指标企业下的二级指标有：企业声誉提高、新技术（新知识）获取、员工培训、人才获取、知识产权接触等。一级指标政府下的二级指标有：就业增加、税收增长、经济发展等。在评价指标体系科学描述方面，采用模糊综合评判法、层次分析法（AHP）设计各评价指标权重。

4. 基于长三角地区校企合作生态系统健康程度实证研究

本书基于校企合作演化博弈模型分析结果，结合校企合作生态系统健康程度评价指标，对长三角地区高职院校的校企合作生态系统发展现状进行实证分析，通过五级评判法将其健康程度分为优、良、中、及格、不及格五个等级，以便发现问题、分析问题、解决问题。

5. 校企合作生态系统长效发展的对策建议

基于校企合作生态系统健康程度评价指标、校企合作演化博弈模型和实证分析结果，本书将从合作机制、人才培养模式、合作投入等方面，对校企合作生态系统长效发展提出对策建议，力求使得校企合作生态系统中的各利益方均得到一个长效、健康、稳定的发展。

（三）研究方法

本书主要采用的研究方法有文献研究法、问卷调查法、定性研究法与定量分析法。

1. 文献研究法

通过对本领域的学术文献的回顾和梳理，首先提出校企合作生态系统理论体系并构建校企演化博弈模型，然后对提出的假设进行理论论证。

2. 问卷调查法

建立理论模型之后，通过问卷调查法进行理论验证。拟选择长三角地区高职院校（国家示范校、国家骨干校、央财支持重点专业）作为调研对象，通过对校企合作双方发放问卷的方式收集数据（拟收回500份以上调研问卷），利用第一手资料对提出的理论模型和假设进行检验。

3. 定性研究法

选择典型的学校与企业，对其管理者进行访谈调研，获得定性资料，以进一步完善理论与构建模型。

4. 定量分析法

通过大样本的问卷调查，对校企合作双方利益、合作机制、所需资源等因素进行调查，运用演化博弈、模糊综合评判和AHP（层次分析法）等研究方法，并采用SPSS软件及Lisrel软件作为分析工具对所获得的数据进行统计分析。

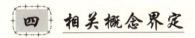

四 相关概念界定

（一）高职院校

我国教育体系包含中职教育、高职教育、普通本科教育，三种类型的人才培养定位各有侧重，其中，中职教育重视对学生基础性技能的培养，普通本科教育注重对学生理论与应用能力的培养，而高职教育则致力于培养高素质高技能应用型人才。《现代职业教育体系建设规划（2014—2020年）》明确指出，高等职业教育为高等教育的组成部分，高职院校包括专科层次高等职业学校与本科层次应用技术类型高校，因此，高职教育既是高等教育，也是职业教育。

（二）校企合作

校企合作，顾名思义，指的是学校与企业间建立的一种合作关系模式。在合作过程中，学校通过考察企业的现实需要并结合市场发展导向，更加具有针对性地培养人才，实现学生在校学习与企业实践有效结合。同时，校企合作有利于合作双方资源、信息共享，学校可以利用企业设备进行实践教学，企业也可利用学校科研成果协助创新研发，学校和企业在合作中实现了技术、设备的优势互补，并有效节约了教育与经营成本。普通高校的传统教育模式大多是重理论而轻实践，而逐步涌现的职业教育院校通过对传统教育观念的反思，不断对新的教育模式进行修正和升级。在此思想基础上发展出的职业教育采用"七分实践，三分理论"的教育理念，以理论与实践充分结合为理念进行人才培养，由此在社会上掀起一股新的教育浪潮。高职校企合作的范围包括协同人才培养、联合应用型技术研发与创新、高职院校应用型技术服务等，高职校企合作的内容包括集团化办学、"双师型"教师培养、专业课程体系建设、产学研机构共建、实践教学基地共建等。与中职、普遍本科院校校企合作相比较，高职校企合作范围更广，内容更多，要求更高。

（三）生态系统

生态系统可以划分为自然生态系统和人工生态系统两大类型，前者是指在一定时空范围内，生物群落与无机环境所构成的有机复合整体，生物之间以及生物与环境之间会互相产生影响、互相进行制约，并且该系统会在一定时期内处于相对稳定的动态平衡状态。在自然生态系统中，生产者、消费者和分解者构成主要的三大类群，它们通过彼此间搭建的食物链、食物网进行物质和能量以及信息的交换或传递，以此来保持整体的动态可持续性。① 人工生态系统则强调了人的作用，它可以看作为自然生态系统与人类社会经济系统复合而成的复杂生态系统，它是由自然环境、社会环境和人类三部分组成的网络结构。在人工生态系统中，人类既是消费者也是主导者，但人类活动受制于生态规律和经济发展规律，只有遵循相应规律才能维持整体系统的协调和可持续性。

（四）演化博弈

演化博弈论最初衍生于生物进化论和遗传基因理论，演化博弈在于从系统

---

① 王向丽. 创意产业生态系统演化的影响因素分析 [D]. 天津：天津理工大学硕士学位论文，2013.

论的角度出发，将群体行为的决策或调整过程置于一个动态系统中进行观察，并且其中每个主体的个体行为及其与群体间的关系都会得到单独刻画，由此构成一个具有微观基础的宏观演化博弈模型，用来真实反映行为主体的多样性和复杂性。演化博弈模型的主要特征表现为：① 以参与群体为研究对象，并分析和解释其动态演化过程和原因；② 群体的演化既存在规律性也存在突变性；③ 经群体选择后的行为往往具有一定的惯性。演化博弈的核心思想在于将每个参与博弈的主体视作是有限理性个体，每个博弈者通过不断试错的方式来寻找最优策略，直至实现整体系统的动态均衡状态。

（五）长三角区域

根据国务院2016年5月批复的《长江三角洲城市群发展规划》，长江三角洲城市群包括上海市、江苏省、浙江省和安徽省的26个城市，本书参照此范围，将长三角区域与之对应。本书的研究范围定位于长三角区域，即上海市以及江苏省、浙江省、安徽省的部分城市，不过根据具体的调研范围以及考虑到研究主题的代表性，本书主要对苏州、宁波、南京、杭州四个城市的高职教育校企合作进行深入分析。

（六）利益机制

"利益"一词在《牛津法律大辞典》中的详细解释为："个人或个人的组织寻求得到满足和保护的权利请求、要求、愿望或需求。"高职院校与企业在利益方面存在一定的共同点与交叉点，其中包含应用型技术技能人才培养、应用型技术研究、应用型技术服务等。"机制"一词原指机器的构造和工作原理，现已广泛应用到多种学科领域中，泛指事物内部组织及运行变化的规律。高职校企合作是高职院校与企业之间的一种人才、知识、技术等资源交换，从某种意义上是一种利益关系杠杆下的合作，由于有限理性的存在不可避免发生各种投机行为，需要一个有效的机制约束，由于高职校企合作所处环境的变化，校企双方的利益诉求也在不断变化，也需要一个有效的机制相应地完善与优化。根据以上解释，高职校企合作利益机制是指高职院校、企业等利益相关主体基于各自的合作利益诉求和期望，在内外部环境的共同作用下，就交易成本控制、产权分配等利益资源进行相互博弈而形成相互依存、制约、影响的方式，并且高职校企合作利益机制并非一成不变，其会随着社会经济和制度环境变迁而不断进行优化与完善。①

---

① 王振洪，王亚南. 高职教育校企合作利益机制及构建路径［J］. 黑龙江高教研究，2014（4）.

第二章
职业教育校企合作生态系统相关理论与政策

"生态系统"一词最初用来描述自然界生物环境，随后由于研究范围逐步扩大，学科之间不断融合渗透，使得生态学逐渐与社会、经济、文化、教育等众多学科产生交叉融合，生态学的内涵得以丰富，同时，生态学的思想、原理与方法也被众多其他学科参考和应用。因此，在生态学理论演化的进程中，社会生态学、教育生态学、创新生态学等理论应运而生，校企合作生态系统理论也由此形成。

一 职业教育校企合作生态系统相关理论

（一）教育生态学理论

"教育生态学"一词最初出现在美国教育学家 Lawrence A. Cremin 的《公共教育》一书中，教育生态学属于教育学与生态学有机结合的结果，是 20 世纪 70 年代诞生的一门新学科。① 教育学主要在于研究教育发展规律以及教育和社会之间的双向影响，生态学重在探讨生命与环境之间的相互作用机理。教育生态学则是将两者相互渗透，以生态学的原理和方法来研究各种教育的现象及成因，

---

① 欧阳萍. 从教育生态学角度看人文与科学教育的平衡 [J]. 当代教育理论与实践，2014 (9).

通过总结教育发展规律，对其发展趋势进行合理的指导，并且从宏观角度对教育在整个生态系统中的价值进行合理定位。[①] 教育生态学曾受到国际教育成就评价协会主席 Torsten Huson 的高度评价，他将教育生态学评定为有助于跨学科研究水平提升、开拓教育学新领域的新思路。

在教育生态学的全新视角下，高职校企合作的成长发展如同自然生态系统的群落演化，参与主体一方面表现出相互博弈、相互协调，另一方面作为一个整体与所处外部生态环境相互影响、相互作用。从教育生态学理论视角分析，高职校企合作生态系统是由影响高职院校发展、企业升级以及两者合作质量的各项元素组合而成的。其中的影响元素可以被称作高职校企合作生态系统的生态因子，在此系统中，各生态因子不断进行着物质、信息、能量的交换。从一定意义上讲，各生态因子之间的相互作用效果会显著影响该生态系统的平衡与否，而各生态因子又可按照对整个生态系统的影响方面被归入不同的生态圈。因此，高职校企合作生态系统中各种生态圈的合理构建以及其中所包含的生态因子间的关系是实现该系统健康可持续发展的必要研究领域。[②]

1. 生态子系统：生态系统的组成分类

教育生态系统相比自然生态系统而言，其目的性更加明晰，并且其生态系统功能又可分为系统内和系统外两种：内在功能体现在培育人才，外在功能体现在其社会功能，即协助内在人才社会化、传递文化等。教育圈涵盖初始教育、成人教育、继续教育，其中包含从事教育工作的教师和管理者，也包括教育发展所必须依赖的客观环境及条件，其中涉及的观念、结构、制度以及质量均会对教育生态系统的生存与发展产生不容小觑的作用。对整个教育生态系统而言，又可以进一步划分为相互影响、相互制衡的教育生态子系统，而唯有实现各子系统之间的稳定运行才能为教育生态系统建立可持续发展的循环机制。

高职校企合作生态系统的稳定、可持续发展离不开理性的合作观念、完善的合作制度、合理的供需结构以及良好的环境质量，同时，要达到整体系统的

[①] 劳伦斯·A. 克雷明. 公共教育（教育新视野）[M]. 北京：中国人民大学出版社，2016：39.

[②] 陈晓静，刘华强，高晶. 基于教育生态学的职业教育"双三元"模式理论创新探索 [J]. 中国职业技术教育，2016（18）.

平衡，还需要处理好各子系统之间的关系，由此可以先巩固好各子系统自身的发展。高职校企合作生态系统具体包括以下四大子系统（见图2-1所示）：

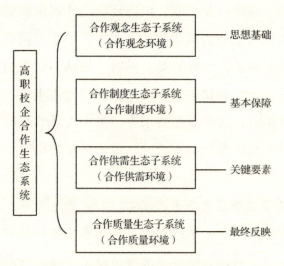

图2-1　高职校企合作生态子系统关系

（1）高职校企合作观念生态子系统

高职校企合作观念生态子系统是实现校企合作的思想基础，是参与合作主体利益观、价值观的集中反映，合作主体需要拥有一致的思想观念才能推动校企合作的进行。从高职院校角度来看，其与企业进行合作的目的在于为在校生提供更多的社会资源，并且增加与社会环境的联系密度，并获取更多的外来资源，从而扩大自身社会影响力；从企业角度来看，其与高职院校进行合作在于方便获得更合适的人力资源，同时借助院校的科研成果提升自身的科技创新能力，从而提升自身的市场竞争力。合作观念虽然均从自身角度出发，但彼此的目标均需要以校企合作的方式得以实现，最终实现合作共赢。

（2）高职校企合作制度生态子系统

高职校企合作制度生态子系统是实现整体系统平衡协调可持续发展的保障系统，与其他子系统不同的是，该子系统主要通过政府主导，并需要高职院校、企业及相关服务机构参与其中，其中涉及学校的就业制度、企业的用人制度以及整个社会关于校企之间的合作制度。同时，相比较由市场主导的"自然"系统而言，该系统的滞后性更加明显，因此对于该子系统的建立和维护还需要保持一定的前瞻性与合理的预见性。

(3) 高职校企合作供需生态子系统

高职校企合作供需生态子系统由供需主体和环境构成，其中供需主体是参与校企合作的学生、教师以及企业，供需环境则体现供需情况的分布。最直接的供求关系可以表现为企业为高职院校学生提供了实习岗位，同样高职院校也为企业提供了辅助劳动力。由此可见，供需身份从不同视角亦有不同表现，从工作机会视角来看，企业是供给方，而高职院校是需求方；而从劳动力视角来看，高职院校是供给方，而企业是需求方。供求关系的双向性也进一步突出了供需生态子系统对于整体系统的重要性，该子系统的稳定是实现高职校企深入合作的关键。

(4) 高职校企合作质量生态子系统

高职校企合作质量生态子系统展示了整体系统的运作效果，对于校企合作而言，可以从学生就业质量、院校发展质量以及企业运营质量三大主要方面得以体现，高职校企合作质量的好坏往往与个人生态位、院校生态位以及企业生态位之间的适应程度密切相关。在合作过程中，院校生态位越能适应外部行业需求的升级变化，越有针对性地培养社会人才，就越有助于为学生个人生态位增加宽度，从而实现就业质量的提升以及院校影响力的向上流动；企业越是能多样化利用市场资源，越能充分适应产业发展需求，就越有能力增宽企业生态位，从而使企业具备更高的吸纳人才的能力。

高职校企合作生态系统的稳定发展受四大子系统的共同影响，各子系统所依赖的发展环境会直接影响整体系统的运行效果。合作观念环境是系统主体拥有理性行为的思想基础；合作制度环境是提高系统主体合作满意度的基本保障；合作供需环境是推动校企合作有效进行的关键要素；合作质量环境则是校企合作价值的最终反映。四大子系统的关系解读可见于图 2-1，四者之间相互影响、彼此联系，任何子系统的改变都会对其他生态子系统造成一定程度的影响，并同时作用于整个高职校企合作生态系统。诚然，除了以上四大子系统外，高职校企合作生态系统中还会涉及其他子系统，但上述四大子系统的必要性和重要性最为突出，而只有实现各子系统协调发展才能维持整体系统的良性循环。

2. 生态因子：生态系统的构成要素

教育生态学将自然生态因子扩展到了社会层、精神层，其中主要涉及的生态因子可归为能量流和信息流,当生态因子不能满足基本需求时,就会限制教育发展的规模和质量。生态因子可以根据其作用性质分为积极生态因子、中性生态因子和抑制生态因子,只有有效发挥积极生态因子,灵活控制中性生态因子,不断排除抑制生态因子,才能使教育发展得更快更好。另外,还可以从宏观、中观和微观的角度分别将教育生态因子分为核心生态因子、基本生态因子以及相关生态因子。

在高职校企合作生态系统中,积极生态因子包括高水平的师资队伍、高素质的学生、高质量的企业以及公平的体制政策等;中性的生态因子包括其他高职院校、尚未参与合作的企业等;抑制的生态因子包括低效的管理水平、校企信息不对称等。实现高职校企合作的顺利开展和发展需要逐步将积极生态因子纳入其中,避免中性生态因子的反向干扰,逐渐消除抑制生态因子。而各生态因子又可根据观察视角的不同分别被列入核心生态因子、基本生态因子和相关生态因子中去,分别构成生态核、生态基和生态库,它们之间的关系结构可参见图2-2。

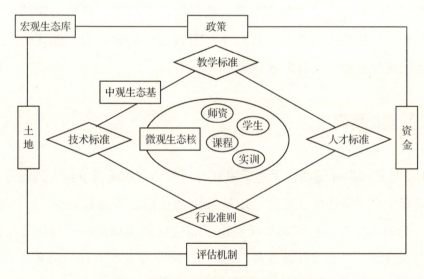

图 2-2 校企合作生态系统各生态因子构成

(1) 微观生态核

生态核中包含师资队伍、学生能力、课程体系、实训条件等微观生态因子。高职院校与企业虽然目的性质不同、组织结构不同、社会责任不同,但两者的共同目标不存在冲突,两者均将高素质与高技能的人才培养作为自身的重点目标之一,这也是两大主体建立合作机制的基础价值所在。从微观生态核中各因子的联系来看,校企合作是加强教师、学生同企业一起打造教育价值共同体的有效模式。

(2) 中观生态基

生态基中的主体除了院校和企业外,还涉及行业,因此其中包括教学标准、人才标准、技术标准及行业准则等中观生态因子。高职院校将技术标准、行业准则等纳入教学课程,逐步完善人才标准;企业通过与合作院校、行业协会共同开展人才培养、技术创新、产品研发等工作;行业则负责制定相应的行业规范,在此基础上对技术与人才标准进行一定程度的约束,以此来指导并监督院校和企业参与人才培养的活动行为。院校、企业、行业三者协同发展有助于实现专业链、产业链和创新链的有效互动对接。

(3) 宏观生态库

生态库则又进一步将政府拉入其中,主要指地方政府和社会公共部门为高职校企合作构建的外部环境,其中包含相关政策、资金、土地以及评估机制等宏观生态因子。政府会通过制定财政、信贷等优惠政策,鼓励高职院校与企业建立合作关系,从而突出政府促进教学与实践为一体的职责,保证将高职教育更好地运用到社会经济发展的规划之中。

(二) 演化博弈理论

Fisher 与 Hamilton 等遗传生态学家在对动植物合作或竞争行为进行分析的过程中逐渐诞生出了演化博弈理论。1973 年,演化稳定策略被 Smith 和 Price 首先提出。至 1978 年,Taylor 和 Jonker 提出了相应的动态概念——模仿者动态,演化博弈理论开始得以突破性地发展。[①] 随后,演化稳定策略和模仿者动态逐步演绎为演化博弈理论最核心的一对基本概念,前者代表相对稳定状态,而后者表示向这种稳定状态转变的动态演化过程。演化博弈理论的核心内涵在于有限理性博弈活动的参与者通过不断试错的方式寻找最优策略并可有效实现系统动态

---

① P. D. Taylor, L. B. Jonker. Evolutionarily Stable Strategies and Game Dynamics [J]. Mathematical Biosciences, 1978, 40 (1−2).

均衡。目前，越来越多的专家学者利用演化博弈理论分析诸如行业发展趋势、社会制度变迁过程等领域的相关问题，演化博弈理论也在广泛应用中不断发展完善。

1. 合作博弈和非合作博弈

根据目标结果的不同，博弈可以划分为合作博弈和非合作博弈。前者指参与者之间依据所达成的正式协议展开行动，后者指参与者仅从自身利益最大化的角度进行选择。合作博弈达成的基本条件在于两点：一是合作后的整体收益将大于每个参与者单独行动的收益之和；二是每个参与者均能获得比不合作时更多的收益。

表 2-1 高职院校与企业不同策略下的收益矩阵表

策略选择	S = 不合作	S = 合作
E = 不合作	$R_e - C_d$　　$R_s - C_o$	$R_e - C_d$　　$R_s - C_s - C_o$
E = 合作	$R_e - C_e - C_d$　　$R_s - C_o$	$R_e - C_e + R$　　$R_s - C_s + R'$

高职校企正式合作属于合作性博弈，不过在合作协议达成之前，校企双方均存在｛合作，不合作｝的策略集合，各方在分别选择其中一种决策的同时也代表放弃了另外一种选择。此种情形的收益矩阵表如表 2-1 所示，其中 S 表示高职院校，E 代表企业。双方的博弈模型存在两个前提假设：一是高职院校和企业都是理性经济人；二是双方存在两种合作策略，即合作与不合作。具体来看四种不同情形：

（1）双方都选择不合作

企业在获得正常收益 R_e 时，会因为缺失科研资源而存在潜在的发展成本 C_d，导致其最终收益为 $R_e - C_d$。高职院校也在获得正常收益 R_s 时，因不与企业合作而出现就业率下降、社会评价低等问题，因此承担社会成本 C_o，使其最终收益为 $R_s - C_o$。

（2）高职院校选择合作而企业选择不合作

企业真实收益不变，为 $R_e - C_d$。但高职院校会另外支付企图促成校企合作的成本 C_s 以及未能顺利合作的社会成本 C_o，导致其收益变为 $R_s - C_s - C_o$。

（3）企业选择合作而高职院校选择不合作

高职院校最终收益不变，为 $R_s - C_o$。但企业此时需要承担校企合作成本 C_e

以及未达目的所存在潜在发展成本 C_d，使其最终收益变为 $R_e - C_e - C_d$。

（4）双方均选择进行合作

高职院校和企业需要分别支付相应的合作成本 C_s 和 C_e，且由于合作的达成，社会成本 C_o 以及潜在发展成本 C_d 消失，并且双方从合作之中各获取一定收益 R' 和 R，此时高职院校与企业的最终收益分别为 $R_s - C_s + R'$ 和 $R_e - C_e + R$。

由上述分析可知，只有当 $R' > C_s$ 且 $R > C_e$ 时，高职院校与企业之间的合作关系才能建立起来。① 在这种情况下，高职院校和企业间会创造出协调共赢的发展目标，签订正式的合作协议，进行合作博弈。

2. 静态博弈和动态博弈

根据参与者选择次序的不同，可以将博弈分为静态博弈和动态博弈。静态博弈指的是博弈参与各方同时做出策略选择，或者参与者虽然存在选择的先后之分，但后选择者未能知晓先选择者的行为情况；动态博弈指的是博弈参与者的选择行动有先后之分，且后选择者在行动前可以了解到先选择者的行为情况，并据此采取相应的行动。不过，静态博弈与动态博弈并不是截然分开的，即使是在静态博弈中，各参与者的实际推理和选择过程也是动态化的，参与者会不断引进新的前提，也会不断修正旧的结论。②

在高职校企合作中，高职院校和企业之间的博弈行为可归于动态博弈。

（1）合作关系正式建立前

院校和企业双方会依据各自需求进行初步沟通，通过了解对方信息和合作意向，分别做出是否进行合作的决定。之后，必定有一方更加主动地提出合作邀约，另一方则需做出是否接受合作的选择。在这种情况下，后做出选择的一方具有实现合作与否的决定性，因此，存在后动优势。然而，在此期间，博弈也不一定仅仅存在于这两者之间，可能存在多个院校竞争与一个企业的合作机会，或者存在多个企业竞争与一个院校的合作机会。在这种情况下，先发出邀约的一方，相比其竞争者而言，可能令受邀者认为其拥有最坚定的合作意图和诚心，使得受邀者对先行动者的好感更大，因此，这时先发出邀约的一方存在先动优势。

---

① 胡茂波，吴思. 博弈论视野下高职教育校企合作的困境与对策 [J]. 教育与职业，2012（23）.
② 吴新民. 论静态与动态博弈中的逻辑推理 [J]. 求是学刊，2008，35（2）.

（2）合作关系正式建立后

高职院校与企业进入正式合作后，双方会不断进行重复动态博弈。高职院校和企业会在合作过程中分别根据既得利益，不断对既有策略进行调整，从而有效改善自身利益，并逐渐用比较满足的事态替换掉不满足的事态。例如高职院校会与企业商议磨合，为本校学生争取更多的实习生岗位或正式员工岗位，而企业也会选择能力更强的实习生取代实力欠佳的实习生。

3. 完全信息博弈和不完全信息博弈

根据对信息了解程度的不同，可以将博弈分为完全信息博弈和不完全信息博弈。前者是指每个参与者对其他参与者的特征、策略集等信息都有准确的了解；后者是指并非所有参与者对其他参与者的特征、策略集等信息都有确切把握。然而，在现实情况中，很难做到博弈参与者充分了解相关信息，并且越是复杂的情况，信息对称的难度就更大，因此，不完全信息博弈的情况更为普遍。在信息不对称的情况下，博弈双方就容易出现逆向选择或道德风险问题。其中，逆向选择指倘若博弈一方能够利用己方信息多于另一方的优势使得自己获取更多利益的同时而使对方利益受损，那么处于信息劣势的一方就难以做出顺利且有助提升市场效率的决策；道德风险指的是博弈一方利用自己的信息优势，在增进自身利益的同时做出不利于对方的行为。

高职校企合作可归为一种不完全信息的博弈过程，主要表现在：

（1）高职校企合作协议达成前

此时容易存在事前信息沟通不畅导致的逆向选择问题。当高职院校拥有更强烈的合作积极性时，为了推动与企业的合作，其往往会选择隐瞒一些自身运营不利的情况，或者向企业提供虚假的有关学校资源条件、科研实力、毕业生就业水平等重要信息。在信息不对称的情况下，企业无法通过自身判断去了解学校信息的真实性，就容易导致合作无法顺利开展，或者存在难以预测的经济损失。当企业的合作积极性更强时，企业容易提供对自身有益的虚假信息，高职院校在无法了解企业的真实绩效和发展前景的情况下，可能会与不良企业进行合作，从而导致合作无法达到预期效益。

（2）高职校企合作协议达成后

此时可能存在事后信息监管造成的道德风险问题。在双方进行合作的过程中，高职院校无法准确观测企业的风险和态度、创新能力、员工努力程度等表现，同时企业也无法准确了解高职院校教育投入、科研支出、创新资源等情况，这就会导致高校为了追求短期社会利益最大化、企业为了追求短期经济利益最大化，采取为自身单方面谋利的行为而忽视共同利益，由此造成校企合作成为形式主义。[①]

（三）新制度经济学理论

1. 交易成本理论：合作机制须降低交易成本

交易成本理论是以美国芝加哥大学教授Ronald Coase为代表所提出的新制度经济学的核心理论，"交易成本"一词最初由Ronald Coase于1937年在其《企业的性质》一文中提出。交易成本理论的核心思想为：由于交易市场难以避免的有限理性、不确定性和资产专用性等性质现象，造成市场交易成本被提高，所以单纯的市场机制无法实现资源的最优配置。[②] 对于交易成本的构成，1981年，Williamson依照经济市场环境、交易技术水平和人的欲望本性三大方面将交易成本分为事前与事后两种类型。1999年，张五常通过现实观察和经验分析，将交易成本划分为信息成本、谈判成本、监督成本、产权界定与控制成本等多个方面。[③]

从新制度经济学视角来看，高职校企合作实质是一种商业行为，存在着一定的交易成本，主要表现为：① 高职院校与企业均为"有限理性行为人"，校企双方均有不同的人、财、物等方面的利益诉求；② 校企合作具有一定的不确定性，加上在合作过程中难免存在交易风险，这样就造成信息搜寻、讨价还价等交易成本的出现；③ 校企合作中存在较强的资产专用性[④]，并且一旦合作不顺利将导致合作关系终止，这些资产转作他用的成本太高，如此容易造成沉淀

[①] 虞璐，楼世洲. 高职教育校企合作运行不良的机理分析及其化解 [J]. 职教论坛，2008（23）.
[②] 俞大军，等. 基于新制度经济学的产学研协同创新理论架构研究 [J]. 科技促进发展，2014（6）.
[③] 程培堽. 企业参与校企合作分析：交易成本范式 [J]. 职业技术教育，2014（34）.
[④] 刘志民，吴冰. 企业参与产学合作培养人才的机理研究——基于新制度经济学的分析 [J]. 高教探索，2013（5）.

成本。因此，高职校企合作的交易成本涉及在建立和维持合作的全部过程之中。

根据交易成本理论，高职校企合作是否能够保持稳定、协同的发展关系取决于双方是否能有效控制合作过程中产生的交易成本，这需要进行科学的制度建构，如图2-3所示。其中，S代表有制度防范，K代表交易风险，C代表交易成本，Ⅰ、Ⅱ、Ⅲ分别代表校企合作的三种情形：① 第Ⅰ种情形属于最为理想的合作状态，即校企合作无风险，不需要制度防范，校企合作交易成本C_1最低；② 第Ⅱ种情形，校企合作存在一定程度的风险，但无制度防范，交易成本$C_2 > C_1$；③ 第Ⅲ种情形，校企合作存在有风险，不过有相应制度防范进行指导约束，造成交易成本降低，即$C_3 < C_2$。根据图2-3中所描述的三种情形特征，高职校企合作应归属于具有风险的合作，科学的利益机制构建将有效降低交易成本，使其成为第Ⅲ种情形。

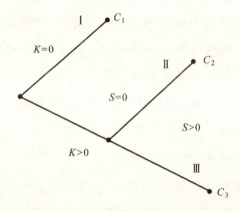

图2-3　高职校企合作交易成本与风险、制度的关系

2. 产权理论：合作机制须明晰产权关系

以 Ronald Coase 为主要代表的新制度经济学产权理论指出，产权是一切交易的前提，倘若不对产权进行科学界定，势必会影响到社会资源的配置效率。同时，Coase 提出了"确定产权法"，他认为经济交易的基本前提是合适的制度安排，首要任务是界定产权，最终实现社会资源配置的帕累托最优状态。[①] G. 布坎南在此基础上进行了补充，他认为无论初始产权的配置是否科学，只要交易双方自愿、产权界定清楚且可转让，便可有效实现资源配置合理化。

---

① O. E. Williamson. The EconomicInstitutions of Capitalism. [M]. Das Summa Summarum des Management, 1987: 61–75.

新制度经济学的产权理论为我国高职校企合作利益机制构建指明了方向。从我国目前的高职校企合作状况来看，产权的界定已成为影响校企合作发展的一大关键因素，且产权界定不够清晰一定程度上制约了合作的顺利发展，主要表现为：

（1）高职院校自主权限不充分

我国大部分的高职院校公立性质更为突出，高职院校的所有资产均为国有资产，由此导致高职院校自主支配的权限有限，然而，深层次的校企合作必然会涉及资金、设备、场所等投入问题，此过程需要院校向上级主管部门逐层申请，如此增加了交易成本。

（2）合作参与者关于产权的纠纷不断

校企合作参与主体的信用意识不足导致产权纠纷隐患不断，由于目前高职校企合作技术创新主要是技术应用层面，大多属于与中小企业的合作，参与主体的信用意识不足引发各种违约、投机行为，造成了校企合作矛盾不断。

（3）产权分配激励不足且转化程度不高

尤其是关于项目成果产权的归属问题，并未明确是归属于教师还是学校或合作企业，这样必定限制了校企合作参与人员的积极性。

（4）产权保护相关的法律法规不够完善

现有的国家产权保护法律法规不健全导致校企合作成果产权界定不清晰，目前虽然有《合同法》《专利法》等法律法规对此进行着一定的约束，但缺乏专门针对高职校企合作成果产权方面的规定，从而导致校企合作在实践过程中缺乏明确的政策指导。

3. 制度变迁理论：合作机制须不断变革创新

制度变迁理论兴起于美国经济学家道格纳斯·C.诺思所著的《经济史上的结构与变革》，该书强调需要通过制度创新来节约交易成本的方式，从而不断满足人们日益增长的多样化需求。[①] 由此，可将制度变迁理论理解为用收益较高的制度代替收益较低的制度。根据该理论，高职校企合作需要不断对其利益机制进行变革与创新，高职院校、企业、行业组织、政府等利益相关方应根据外部环

---

① 彭真善，宋德勇. 交易成本理论的现实意义 [J]. 财经理论与实践，2006（4）.

境变化及时调整合作机制，从而实现校企合作帕累托最优。

高职校企合作的制度变迁既包括组织外部所施加的强制性制度变迁，也包括组织内部为实现利益最大化而主动推动的诱致性制度变迁。近年来，我国高职校企合作无论是从宏观政府政策层面还是从微观校企内部机制层面均取得了明显改进。从政府宏观政策方面来看，自2010年以来，一系列相关政策与规划密集出台，这为促进高职校企合作提供了具体性的指导方向与意见。从高职校企合作微观主体来看，高职校企合作从模式、组织、保障等多方面均得到不断优化与完善。然而，高职校企合作过程中也难免暴露出一些新问题，例如校企合作中的"搭便车"现象，校企产权分配中出现的评估冲突问题等。为解决这些问题，需要进一步从宏观、微观两个角度分别进行校企合作利益机制变革与创新。

（四）利益相关者理论

1. 利益相关者的定义

利益相关者理论最初是从企业发展角度诞生与兴起的，该理论认为企业由所有利益相关者联合构成，他们不仅为企业的发展注入物质、人力等资本，还共同承担着企业的经营、管理等风险。美国经济学家Freeman于1984年提出利益相关者的经典定义："利益相关者表示既会影响组织目标实现，也会受到组织在实现其目标过程中所涉及的所有相关个体或群体。"[①] 此概念着重强调了企业目标与个体或群体的双向影响，推动了利益相关者理论的初步形成。随着研究的进一步深入，1994年Clarkson提出了更加具体的定义，他认为："利益相关者通过在企业中投入实物、财务、人力等资本或是其他有价值的东西，因此需要担负着相关形式的风险。"[②] 贾升华、陈宏辉则根据我国的实际情况，分析后总结，利益相关者是指在企业中进行一定专用性投资并承担相应风险的个体或群

---

① R. E. Freeman. Strategic management: A stakeholder approach [M]. Boston: Pitman/Ballinger, 1984: 57.

② M. Clarkson. A risk-based model of stakeholder theory [M]. Toronto: Center for Corporate Social Performance & Ethic, 1994: 82.

体，其中突出了利益相关者从事企业活动的投资专用性。①

从利益相关者角度来看，高职院校属于典型的利益相关者组织，其依据主要体现在以下三个方面：

（1）高职院校具有一定的社会公益性

和一般的企业不同，高职院校并没有严格意义上的股东，因此，没有个体可以实行对高职院校的独立控制权，无法通过"以盈利为目的"的意义进行运营管理，那么就需要引入利益相关者进行共同管理，构成"利益关系联合体"。

（2）高职院校经费结构多元化

学费收入、企业投资、政府拨款、科研收入、私人捐赠等均是高职院校经费的重要来源。

（3）高职院校的发展离不开利益相关者的参与

学生、企业、政府、社会群体为高职院校投入了物质资本或人力资本，且都直接或间接地影响着高职院校发展目标的实现，而在目标实现过程中，这些利益相关者的发展也会受到潜在影响。②

根据利益相关者的定义，在高职校企合作中，高职院校与企业是实现合作共赢目标的两大直接利益相关者，其中涉及影响高职校企合作效果以及受到高职校企合作影响的个人或群体，如图2-4所示。这些人或群体通过注入物质或人力资本承担一定的风险，他们的行为或多或少地影响着高职校企合作目标的实现，并在高职校企合作目标实现过程中也受到相应的影响。高职校企合作的利益相关者具有一定的特殊性。

（1）狭义角度

高职校企合作利益相关者仅涉及高职院校和企业中直接参与合作的个人或群体，如参与校企合作的指导教师、指导师傅、实习学生、校方领导和企业领导等，他们的活动与校企合作的生存和发展直接相关。③

---

① 贾生华，陈宏辉. 利益相关者的界定方法述评［J］. 外国经济与管理，2002，24（5）.
② 刘晓. 利益相关者参与下的高等职业教育办学模式改革研究［D］. 上海：华东师范大学硕士学位论文，2012.
③ 邱明娟. 利益相关者参与下我国高职教育校企合作发展的研究［D］. 青岛：青岛大学硕士学位论文，2013.

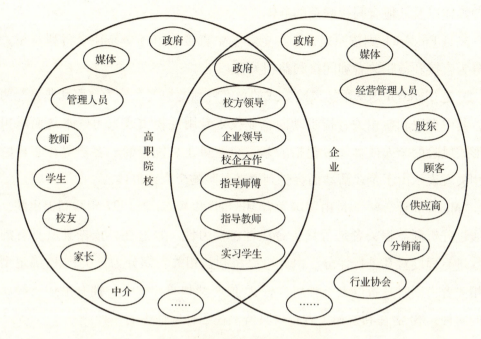

图 2-4　高职校企合作利益相关者

（2）广义角度

高职校企合作是通过高职院校和企业联合进行的，那么其利益相关者必定会影响到两者相关的所有个体或群体，即不仅仅涉及直接参与者，还会间接影响未能直接参与但在高职院校或企业中进行活动的个人或群体。

2. 利益相关者的分类

通过对利益相关者的划分，可以确定其对利益相关者的影响程度，从而满足并协调利益相关者的利益诉求，进而实现共同发展目标。

（1）常见分类方法

对利益相关者的划分，国际上较为常用的是"多维细分法"和"Mitchell 评分法"，具体分类方法如下：

多维细分法包含 Freeman 和 Frederick 以及 Clarkson 等人所探讨出的分类方法。

一是 Freeman 依据所有权关系、经济依赖度、社会利益关系三大方面划分企业中的利益相关者，拥有所有权的是企业股东，存在经济依赖性的是与企业进行交易往来的个人或组织，与企业存在社会利益关系的利益相关者包含政府、相关媒体以及其他有间接联系的群体。①

二是 Frederick 则按照是否会与企业发生直接的市场交易往来将利益相关者划分为直接利益相关者和间接利益相关者。

三是 Clarkson 则从承担风险方式的角度将利益相关者分为自愿和非自愿两大类，其中自愿利益相关者指主动向企业投入专用性物质或人力资本从而承担相应形式风险的个人或群体，包括股东、企业员工、供应商、客户等；非自愿利益相关者表示由于企业活动而会受到潜在风险的个人或群体。②

"Mitchell 评分法"是由美国学者 Mitchell 和 Wood 于1997年共同提出的，他们通过分析利益相关者是否具备合法性、权力性、紧迫性，依据其所具有的属性数量与程度对其进行评分。由此可以将利益相关者划分为三类：① 确定型利益相关者：同时具备以上三种属性；② 预期型利益相关者：拥有上述三种属性中的两种；③ 潜在利益相关者：仅具备上述三种属性中的一种。③

我国学者陈弘辉、贾生华结合以上国外划分方法，依据利益相关者是否具备主动性、重要性、紧急性的属性，按照评分思想将我国企业利益相关者划分为核心、蛰伏以及边缘三种层次：

核心利益相关者同企业有直接密切的利害关系，甚至能左右企业的前途与命运，此种类型的利益相关者多为企业股东、经营和管理人员。

蛰伏利益相关者一般指付出专用性投资的个人或群体，当企业正常经营时他们只作为显性契约者，但一旦企业面临运营风险，无法满足其要求或使其利益受损时，他们可能会突然转为活跃状态，在企业发展敏感期反应强烈，导致企业面临生存和发展风险，其中主要涉及债权人、供应商、分销商、政府和消费者。

边缘利益相关者从企业的角度来看重要性很低，他们往往受企业的影响可

---

① R. E. Freeman, D. L. Reed. Stockholders and Stakeholders: A New Perspective on Corporate Governance [J]. California Management Review, 1983, 25 (3).

② J. Charkham. Corporate governance: Lessons from abroad [J]. European Business Journal, 1992, 4 (2).

③ R. K. Mitchell, B. R. Agle, D. J. Wood. Toward a Theory of Stakeholder Identification and Salience: Defining the Principle of Who and What Really Counts [J]. Academy of Management Review, 1997, 22 (4).

能性较大，主要指相关特殊的利益集团或社区。①

高职校企合作的利益相关者既具有一般性也具有特殊性，主要表现如下：

一般性主要体现在高职院校的利益相关者与普通高校一样，均离不开教师、学生、领导等微观主体，其资金来源需要得到政府、行业、企业等多方支持。

特殊性主要表现为高职教育与人才培养需要企业的直接参与。党的十九大报告指出，高职办学特点与本质要求是"深化产教融合、校企合作"，企业与高职院校应建立紧密型合作关系，两者之间应着重于构建资源共享、互利共赢的合作伙伴关系。高职院校的办学目的注定了其自始至终都离不开合作企业的直接参与。

综上所述，高职校企合作的利益相关者可根据利益重要程度进行分类，通过借鉴共性、考虑特殊性，可以将高职校企合作利益相关者划分为三层：第一层为核心利益相关者，其中涉及"双师型"教师、参与企业工作的在校学生、校企合作负责人等；第二层为重要利益相关者，包括高职院校、企业整体以及地方政府等；第三层为边缘利益相关者，指未能直接参与高职校企合作但属于间接利益相关者的个人或群体。其中第一层和第二层可以归为直接利益相关者，而第三层属于间接利益相关者。分类结构见图2-5。

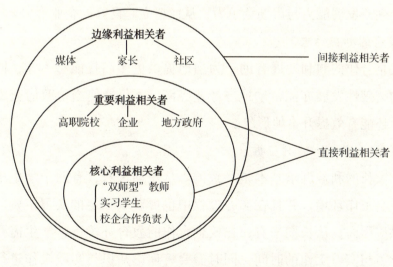

图2-5 高职校企合作的利益相关者分类

---

① 陈宏辉，贾生华. 企业利益相关者三维分类的实证分析［J］. 经济研究，2004（4）.

3. 高职校企合作利益相关者的利益诉求

利益相关者理论认为，利益相关者的利益诉求能否得到满足直接影响组织能否顺利发展，因此满足利益诉求是组织的基本任务。同时，需要注意利益相关者之间的利益诉求并非是单向的，而是彼此互为利益相关者，互有利益诉求，因此各利益相关者之间形成良好的利益机制也是实现组织可持续发展的重要条件。

对于高职校企合作而言，其利益相关者的利益诉求主要涉及三大方面：

（1）高职院校的利益诉求

高职院校希望借助校企合作平台，有效整合行业的相关资源，不断充实"双师型"教师团队，不断培养更多的高素质和高技能型人才，统筹协调好人才培养、学术研究与社会服务三大职能，从而取得自身的发展突破，获得更好的社会声誉。

（2）企业的利益诉求

企业可以在校企合作过程中占有接受实习生带来的降低劳动力成本、优先选择优秀毕业生、减少社会招聘和入岗培训费用等优势，从而有助于降低自身经营管理成本以及更高效地实现人才引进。同时，企业可以优先利用院校科研成果，提升创新发展能力与市场竞争力，从而树立起良好的企业形象。

（3）政府的利益诉求

高职校企合作的顺利发展有助于为当地提供更多高技能型人才，同时高职校企合作的突破性发展亦能带动地方产业经济，不仅能使当地政府获得更多的税收资源，还能有效提升本地形象。

（4）学生（家长）的利益诉求

学生和家长的利益诉求基本是一致的。从短期来看，有助于学生毕业后更快地适应社会工作环境，并且在实习过程中也可获取一定的实习工资，减少家庭的资金供应压力；从长期来看，在校企合作的教育环境下，学生需要合理分配好理论学习与实习工作的时间，同时需要将理论知识与实践操作进行有效衔接，为学生长远发展奠定良好的基础。

（五）可持续发展理论

可持续发展理论的思想源于1962年美国女生物学家Rachel Carson所发表的著作《寂静的春天》，而此概念明确被提出则是在1987年联合国世界与环境发展委员会所发表的《我们共同的未来》报告中。之后，可持续发展要领在1992年联合国环境与发展大会上得到了与会者的共识和承认。可持续发展不仅具备了更高层次的理论探索，同时还形成了相应的可持续发展战略。目前，对"可持续发展"较为普遍认可的定义为："既能满足当代人的需要，又不会对后代人满足其需要的能力构成危害的发展。"从其发展历程可看出，可持续发展最早从自然环境保护的角度被提出，随着社会经济的发展，这一理论又可被广泛地应用于经济、社会等领域之中。

根据可持续发展理论，高职校企合作生态系统的可持续发展可分为两类：

1. 环境可持续发展

可持续发展理论中的环境不单单指自然生态环境，同时也包含市场环境、制度环境、人文环境等社会环境。社会环境的基本内涵分别为：① 市场环境是指参与市场经济活动的主体所面临的市场机会、竞争威胁等外部环境因素，外部市场环境是影响内部主体发展可持续性的基本因素；② 制度环境指的是一系列与政治、经济和文化有关的法律、法规或习俗，是人类在长期发展中自发形成并被无意识接受的行为规范，宏观制度环境是保障微观个体发展可持续性的重要因素；③ 人文环境则属于社会中隐藏的无形环境，代表着共同参与者的观念、信仰、认知和态度等的冲突、转换与交融，①隐形人文环境是影响参与者关系可持续发展的关键因素。

高职校企合作面临的社会环境亦可从市场环境、制度环境和人文环境三方面进行分析，较为一般的构成结构见图2-6。

---

① 王蓉拉. 可持续发展与人文环境 [J]. 浙江学刊，2003 (6).

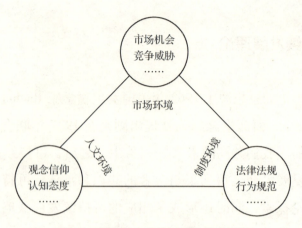

图 2-6　高职校企合作面临的社会环境

（1）市场环境分析

在市场环境中，企业占据相对主导地位，这会造成院校在选择合作企业时存在不够充分的可选择机会，而企业对于是否选择与院校合作也会首先从自身的利益和需求角度出发。企业在大多情况下注重高职院校在校生的相对廉价劳动力，虽然在人才培养的价值导向上有所偏离，但也在一定程度上促进了校企合作的建立。不过，在当前我国人力资源供给充足的市场环境下，企业中要求较低的岗位很容易从社会中寻得，这种市场环境给校企合作发展增加了难度。

（2）制度环境分析

制度环境则是影响高职校企合作可持续发展的硬环境，高职校企合作的起步发展期必然离不开政府的协助，这就需要政府制定相关政策给予支持。同时，在高职校企合作发展的过程中，政府通过出台相关法律法规进行保障维护，推出相关优惠政策推动合作进行，这对于完善校企合作制度环境、保障校企合作顺利开展以及可持续发展具有不可或缺的重要意义。

（3）人文环境分析

高职校企合作所面临的人文环境主要从院校的教育观念上体现出来。我国传统文化源远流长，但也存在"重学轻用"的观念弊端以及由此衍生出的学历主义和文凭主义。由此导致教育部门重视知识教育而忽视技能教育，企业招聘也会设置明确的学历门槛。在传统文化观念的影响下，在实用技能和技术受到忽视的人文环境下，高职院校发展面临更大挑战，需加快与企业联合发展、创新人才培养模式的步伐。

2. 资源可持续发展

资源可以分为自然资源和社会资源两大类，前者诸如空气、阳光、土地、水源等，后者包括物质财富、人力资源、信息资源等。自然资源的可持续发展主要从环境生态学的角度去探讨，社会资源的可持续发展则需融合经济学、劳动社会学、信息学等多方面进行多角度综合研究，资源是人类生存的基础，而社会资源是人类发展的根本。

影响高职校企合作可持续发展的资源要素主要有经济资源、人力资源、信息资源以及创新资源（见图2-7）。

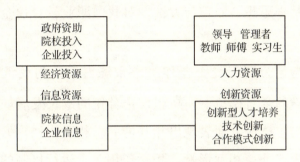

图2-7 高职校企合作面临的社会资源

（1）经济资源分析

经济资源主要通过发展经费来体现，高职校企合作的经费一方面来自国家政府，另一方面则来自校企合作双方的投入。缺乏资金支持的校企合作必定难以得到长远发展，只有在经费充足的基础上，高职院校和企业才能建立稳固的合作关系。

（2）人力资源分析

高职校企合作可持续发展对人力资源的要求较高，其人力资源具体涉及负责制定合作协议的领导、进行合作关系维持的管理者、肩负培养重任的教师和师傅以及作为培养对象的实习生。

（3）信息资源分析

实现高职校企合作可持续发展离不开充足的信息资源，信息充足与对称对于高职校企合作关系的建立有特定的推动效用，也有助于校企合作双方建立信任，从而维护良好的合作关系。

（4）创新资源分析

创新资源涉及高职院校对科研型和创新型人才培养的投入、企业进行技术创新的投入以及形成符合我国地方实际情况的校企合作模式的投入。创新对于提升高职院校和企业自身实力具有不容小觑的作用，同时也对形成稳定可持续的合作关系具有重要意义。

（六）总结与启示

综上所述，职业教育校企合作生态系统理论不是空穴来风，有其深厚的理论渊源，它综合了教育生态学、演化博弈论、新制度经济学、利益相关者、可持续发展理论的基本思想、原理与方法，对我国职业教育校企合作实践有一定的指导价值。

1. 教育生态学为研究校企合作生态系统内涵及构成提供依据

在教育生态学的全新视角下，高职校企合作的成长发展如同自然生态系统的群落演化，参与主体一方面表现出相互博弈、相互协调，另一方面作为一个整体与所处外部生态环境相互影响、相互作用，受运行机制的制约，共同维系着系统的平衡。

2. 演化博弈理论为研究校企合作主体决策行为提供依据

高职校企合作的过程实质上是各有限理性的博弈方（学校与企业）以不断试错的方式寻找最优策略直至实现系统动态均衡，从经济人视角来看，校企合作关系的演进方向受合作成本、合作收益、政府补贴、违约罚金等因子的影响。

3. 新制度经济学理论为研究校企合作制度提供依据

根据新制度经济学理论，作为高职校企合作生态系统重要组成部门的校企合作机制构建须有效降低交易成本、明晰合作方产权关系、不断变革创新，这其中既包括校企合作双方的合作机制，也包括政府层面的各类促进政策。

4. 利益相关者理论为研究校企合作主要参与方与利益诉求提供依据

高职校企合作参与方包括学校、学生（家长）、企业、政府、社会群体等，学校期望通过校企合作实现人才培养水平、服务社会能力、科技发展能力的提升，企业期望通过校企合作降低经营管理成本以及更高效地实现人才引进等，学生期望通过校企合作更好地适应社会与有一定的未来发展前景，政府期望通过校企合作促进就业等,各种利益诉求既有共同处也有不同之处。

5. 可持续发展理论为研究校企合作目标提供依据

高职校企合作的目标是什么?是实现环境可持续发展与资源可持续发展。可持续发展理论为研究这一问题提供了较好的思路与方法,也为衡量校企合作绩效提供了基本的依据。

二 国内外职业教育校企合作相关政策

(一) 国外相关政策

1. 德国"双元制"的相关政策

"双元制"是由德国传统的学徒培训模式演化而来,目前已经成为德国职业教育校企合作的主要模式。"双元"是指两种同时建立的培训环境,即接受教学培训者需要在职业学校和企业分别接受专业理论学习与实训操作实习。① 因此,"双元制"是指按照企业对于人才的要求组织相关教学课程和岗位培训,需要院校与企业共同承担起人才培养任务的一种校企合作办学制度。

德国"双元制"模式的主要特点体现在以下几个方面:① 企业主体地位明确。职业教育培训虽然依托于职业院校和企业两个不同机构,但是以企业为主、学校为辅,学生在企业的实践受训时间远多于在学校的理论学习时间,职业技能培训任务更加突出。② 企业行业全程参与。生源需要先于企业签订培训合同,借助校企合作平台进入相关职业院校进行职业教育,学校基础课程设置与企业技术培训计划由职业院校和企业共同制订。③ 实施双导师制。学生考核分为平时分和国家统一考试得分,平时分按照学校课程考试得分和企业实训考试得分进行综合评定,国家统一考试则由所在州在同一时间进行统一组织。另外,毕

---

① 石伟平. 比较职业技术教育 [M]. 上海:华东师范大学出版社,2001:16.

业设计需要双导师共同指导,且企业实训老师为第一指导教师,学校教学老师为第二指导教师。

德国政府非常重视"双元制"教育模式,从法律制度层面进行了充分保障。1969年由联邦德国颁布的《联邦职业教育法》明确了"双元制"的法律地位,2005年,新颁布的《联邦职业教育法(修订)》又进一步明确了关于发展职业教育校企合作办学的有关规定。① 除此之外,其他与"双元制"联系密切的法律法规可见表2-2。

表2-2 德国关于职业教育校企合作的法律法规

颁布时间	法律法规	颁布部门
1965年	《手工业条例》	德国政府
1969年	《联邦职业教育法》	德国政府
1969年	《联邦劳动促进法》	德国政府
1972年	《实训教师资格条例》	德国科教部、经济部
1972年	《企业宪法》	德国政府
1976年	《联邦青年劳动保护法》	德国政府
1981年	《联邦职业教育促进法》	德国政府
1984年	《职业培训条例》	德国科教部、经济部
1987年	《考试条例》	德国科教部、经济部
2005年	《联邦职业教育法(修订)》	德国政府

2. 日本"产学官"合作的相关政策

日本"产学官"合作历史悠久,从明治维新初期便出现合作萌芽,之后逐步经历了低迷、磨合、复兴和多元化发展,到目前已经相对成熟。② "产""学""官"分别指企业行业、职业院校和政府部门,三者分工明确、各司其职,没有

---

① 刘晓. 利益相关者参与下的高等职业教育办学模式改革研究 [J]. 华东师范大学, 2012 (1).
② 陈劲, 张学文. 日本型产学官合作创新研究——历史、模式、战略与制度的多元化视角 [J]. 科学研究, 2008, 26 (4).

轻重之分。其中，企业行业同时负责应用展示和开发研究；职业院校则负责基础教学和应用科研；政府部门通过出台相关法律法规、经费支持与政策优惠等方式促进职业院校与企业进行合作。① 通过调动"产""学""官"各方的积极性，实现国民教育与经济发展紧密联系、教育为经济服务的目的。

日本"产学官"合作模式非常重视企业在校企合作中的地位。学校协助企业科技研发，为产业界提供培训服务，而企业则全程参与课程设置、师资培养、教学服务、设施建设等办学过程，合作覆盖产学研各个方面。

日本政府高度重视校企合作，在推动校企合作方面的作用突出，职业教育相关法规较为完备。日本政府通过制定相关法律法规推动校企合作，政策起始时间较早，使日本的职业教育发展具有充足的政策支撑，与其相关的法律法规见表2-3。同时，国家承担一半的公办学校职业培训经费和1/3的民办学校职业培训经费，减轻了学校的培训成本和压力。

表2-3 日本关于职业教育校企合作的法律法规

颁布时间	法律法规	颁布部门
1947年	《学校教育法》	日本政府
1951年	《产业教育振兴法》	日本政府
1958年	《职业训练法》	日本政府
1975年	《学校教育法（修订）》	日本政府
1985年	《研究交流促进法》	日本政府
1995年	《科学技术基本法》	日本政府
1998年	《大学等技术转移促进法》	日本政府
1999年	《产业活力再生特别措施法》	日本政府
2000年	《产业技术力强化法》	日本政府
2002年	《知识产权基本法》	日本政府

---

① 唐向红，胡伟. 日本产学官合作机制分析及启示——以早稻田大学产学官合作为例[J]. 东北财经大学学报，2012（3）.

续表

颁布时间	法律法规	颁布部门
2003 年	《国立大学法人化法》	日本政府
2008 年	《研究开发力强化法》	日本政府

3. 美国"合作教育"的相关政策

美国的"合作教育"重在将学生在校理论学习与企业实习工作有机结合，从而促成理论与实践相结合。美国合作教育委员会将合作教育界定为："把课堂学习和工作经验结合起来的一种结构性教育策略。"自1906年开始，美国便开始实施校企合作教育模式，实施主体主要为社区学院，主要目的在于减轻职业院校投资负担，方便在校学生获取实训经验和就业技能。合作教育模式有利于美国专业人才培养和生产技术升级，极大促进美国教育事业和企业的发展成长。①

美国"合作教育"模式自诞生起便受到美国联邦政府高度重视。美国虽然在各州实行不同的法律法规，但美国政府一直将校企合作的相关法律法规归于国家层面，相关法律法规见表2-4。法律法规强调校企合作以职业院校为主，合作企业为辅。职业院校依据所设专业与有相应人才需求的企业签订校企合作合同，从而明确各方的责任与义务。职业院校需派遣专业老师到企业监督学生实习，企业任命专职人员指导学生操作，最终共同评定学生综合成绩。另外，学生在企业实习期间，企业应根据学生所创造的收益给予相应的实习报酬。美国"合作教育"实践证明，职业院校、学生和企业三方均在合作教育模式下获取一定的收益。

表2-4 美国关于校企合作的法律法规

颁布时间	法律法规	颁布部门
1962 年	《人力开发与培训法》	美国联邦政府
1963 年	《职业教育法》	美国联邦政府

---

① 刘华东. 美国合作教育及其对我们的启示 [J]. 中国高教研究, 2002 (10).

续表

颁布时间	法律法规	颁布部门
1974 年	《生计教育法》	美国联邦政府
1977 年	《青年就业与示范教育计划法》	美国联邦政府
1982 年	《职业训练协作法》	美国联邦政府
1983 年	《就业培训合作法》	美国联邦政府
1984 年	《伯金斯职业技术教育法》	美国联邦政府
1994 年	《从学校到工作机会法》	美国联邦政府
2006 年	《卡尔·伯金斯生涯与技术改进法》	美国联邦政府

4. 澳大利亚"TAFE"的相关政策

"TAFE"是"Technical and Further Education"的缩写，译为"技术与继续教育"，作为澳大利亚最主要的职业教育模式，始终坚持着"兼顾学生学习需求和企业用人需求"的教育理念。"TAFE"是以政府进行推动，职业院校与企业密切合作，共同制定统一的教学和培训准则，职业教育和企业培训相结合的教育模式。[①] 其本质在于将学生就业定为整个教育的根本目标，此过程需要学校和企业配合政府完成。统计显示，澳大利亚 TAFE 系统中的学生大约是普通高等学校在校生的 1.7 倍，由此突出"TAFE"模式为澳大利亚培养专业人才提供了可观的供需，在一定程度上缓解了学生就业压力，解决了部分失业问题，也极大地提升了国民整体素质。

在澳大利亚 TAFE 系统中，澳大利亚政府高度重视校企合作，其配套政策体系较为完善。联邦政府和各州地方政府在职业教育建立初期就通过政策协调、财政拨款等非强制性行政手段保障职业教育顺利开展。在职业教育发展过程中，政府制定相关政策法规给予保障支持（相关政策见表2-5）。除此以外，澳大利亚政府还通过建立全国统一资格标准体系以及相应机构来维系职业院校与企业之间的紧密关系，从而极大保障和推动着系统整体的良性发展。

---

① 李训贵. 澳大利亚 TAFE 学院办学模式及对我国高职教育的启示 [J]. 教育与职业, 2008 (17).

表 2-5 澳大利亚关于职业教育校企合作的法律法规

颁布时间	法律法规	颁布部门
1975 年	《技术与继续教育法》	南澳州政府
1985 年	《工商业培训法》	塔斯马尼亚州政府
1989 年	《拨款(技术与继续教育资助)法》	澳大利亚联邦政府
1992 年	《职业教育与培训资助法》	澳大利亚联邦政府
1998 年	《拨款(学校资助)法》	澳大利亚联邦政府
2002 年	《面向未来的就业技能》	澳大利亚联邦政府
2003 年	《2004—2010 年澳大利亚职业教育与培训国家战略》	澳大利亚联邦政府
2005 年	《用技能武装澳大利亚劳动力 2005 年法案》	澳大利亚联邦政府

(二) 国内相关政策

我国校企合作产生较晚，在我国近代工业得到快速发展的背景下，校企合作的萌芽才开始形成。直至今日，我国职业教育校企合作的发展经历了由点到面、由浅入深的过程，展现出合作模式不断丰富、合作规模不断壮大、合作政策不断完善、合作水平不断提升的发展轨迹。我国职业教育校企合作的升级与政策环境的改善紧密相关，校企合作发展特点也受到时代特征的影响。根据我国职业教育校企合作的发展特点，可以将其发展历程划分为三个阶段（见图2-8），校企合作在不同阶段展现出不同的发展特征，同时，相关政策也呈现出不断调整与完善的趋势。

1. 萌芽阶段

校企合作思想在中国的萌芽可追溯至 20 世纪 20 年代，当时我国著名教育家黄炎培提出学校教育应采用实用主义的主张，倡导将学校教育与学生生活、与社会实践紧密联系起来。[①] 之后，教育与实践相结合的培育思想逐渐受到关注。我国现代工业初步发展期所建立的江南制造局机器学堂、福建船政学堂等一批

---

① 黄炎培. 学校教育采用实用主义之商榷 [M]. 天津：直隶行政公署教育司, 1913：33.

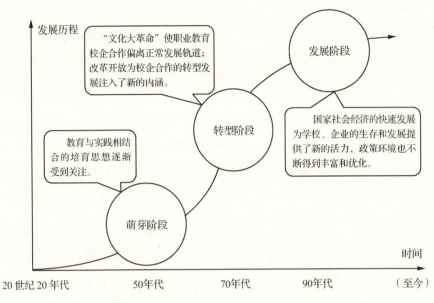

图 2-8 我国职业教育校企合作的发展历程

企业学堂,拉开了我国职业教育的序幕。当时的职业学校由企业所建,学生一边学习知识一边参加实践操作,由此呈现出校企一体化的格局面貌。从整体说来,民国时期的我国职业教育几乎与世界职业教育同步并生,但由于战争、社会动荡等因素而发展停滞不前。

中华人民共和国成立后,开始进行教育革命,直接促进了学校与企业的正规合作。1955 年,我国第一次全国技工学校校长会议通过决议,提出要"以生产实习教学为主"。1958 年,刘少奇提出应该在全日制教育制度和企业全工劳动制度之外,创立半工半读的教育和劳动制度。① 1958 年 9 月,中共中央、国务院正式发出《关于教育工作的指示》,明确了"教育与生产劳动相结合"对于改进教育工作的重要意义。此后,我国出现了大批半工半读学校,使得学习理论知识与提高实践技能充分结合,具备了明显的职业教育特征。

2. 转型阶段

"文化大革命"给我国的教育界造成了灾难性的影响,由于认为当时的教育现状是脱离劳动、脱离实际、脱离群众等思想偏见,导致学校教育打乱了正常的教学秩序,学生在缺乏对专业课程系统性学习的情况下一味强调下乡进企,

---

① 刘少奇选集(下)[M]. 北京:人民出版社,1985:76.

职业教育校企合作模型在此背景下偏离了正常的发展轨道。而随着"文化大革命"的结束，我国迈入改革开放新征程，经济开始全面复苏和发展。教育领域是我国受"文化大革命"影响的重灾区，面临着重整恢复的重大任务。

十一届三中全会的召开揭开了我国改革开放的序幕，我国的经济和教育事业开始全面发展与复苏，经济体制改革强调"科技面向经济，经济依靠科学"，这为我国校企合作的转型发展注入了新的内涵。1978年，邓小平同志强调我国在进行校企融合过程中要重视创新教育与生产劳动相结合的模式方法。1985年，党中央又进一步确立"教育必须为社会主义建设服务，社会主义建设必须依靠教育"的战略方针。由此看出，国家在此阶段对教育结构进行了调整，倡导学校自主创办企业，同时实施"教学、生产、科研、经营及服务相结合"的培养计划。在转型阶段，我国职业教育校企合作发展既经历了重挫，又得到了恢复和调整。

3. 发展阶段

从20世纪90年代起，我国职业教育校企合作开始进入真正意义上的发展时期，一方面，国家社会经济的快速发展为学校、企业的生存和发展提供了新的活力，另一方面，我国更加重视校企协同人才培养。我国职业教育校企合作在发展阶段可进一步划分为正式合作期、全面合作期与质量提升期。① 正式合作期表现为高职院校地位逐渐明确，企业发展逐渐成熟，校企合作开始成为高职教育的一大办学特色，不过，这一时期校企合作"一头热"现象明显，即院校处于主导地位，而企业积极性不够明显；② 全面合作期表现为院校与企业联系更加密切，校企合作双方分别从自身发展出发，由育人向产学研全面合作转变，院校与企业逐渐演变为一个协同发展整体，并且政府制定的相关政策更加体现出对校企合作双方形成共赢局面的保障；③ 质量提升期表现为校企合作逐步由外部驱动向内部主动转变，院校和企业逐步走向深度融合，双方逐渐发挥各自的优势和潜能，而进一步提升产学研质量，全面开展产教融合，不断促进职业教育与社会经济协同发展成为当前国家、学校、企业共同追求的目标。

在发展阶段中，我国所制定的一系列相关政策为职业教育校企合作的推进与合作质量的提升做出了很大贡献，推动校企合作的政策导向日益鲜明，具体的政策及其相关内容见图2-9。

1991年《关于大力发展职业教育的决定》	1992年《关于组织实施"产学研联合开发工程"的通知》
"积极贯彻大力发展职业技术教育的方针","采取有利政策支持职业技术教育发展","加强职业技术教育的改革和基本建设","加强和改善对职业技术教育工作的领导和管理"等。	组织实施"产学研联合开发工程"的宗旨在于：通过该工程的实施，建立大中型企业与高等院校、科研院校密切稳定的交流、合作制度，逐步形成产学研共同发展运行机制，从而加速科技成果转化等。

1996年《中华人民共和国职业教育法》	1993年《中国教育改革和发展纲要》
"职业教育是国家教育事业的重要组成部分，是促进经济、社会发展和劳动就业的重要途径","各级人民政府应当将发展职业教育纳入国民经济和社会发展规划。行业组织和企业、事业组织应当依法履行实施职业教育的义务"等。	"职业技术教育是现代教育的重要组成部分，是工业化和生产社会化、现代化的重要支柱","各级各类职业技术学校都要主动适应当地建设和社会主义市场经济的需要","要认真实行'先培训、后就业'的制度"等。

1999年《试行按新的管理模式和运行机制举办高等职业技术教育的实施意见》	1999年《关于深化教育改革，全面推进素质教育的决定》
"加快培养面向基层，面向生产、服务和管理第一线职业岗位的实用型、技能型专门人才的速度","积极探索以多种形式、多种途径和多种机制发展高等职业技术教育"等。	"高等职业教育是高等教育的重要组成部分","现有的职业大学、独立设置的成人高校和部分高等专科学校要通过改革、改组和改制，逐步调整为职业技术学院（或职业学院）"等。

（a）1990—1999年

2000年《关于加强高职高专教育人才培养工作的意见》	2002年《关于大力推进职业教育改革与发展的决定》
"加强教学基本建设","以改革教育思想和教育观念为先导","因材施教，积极实行启发式、讨论式教学","抓好'双师型'教师的培养"等。	"扩大职业学校的办学自主权，增强其自主办学和自主发展的能力","加强实践教学，提高受教育者的职业能力","加强职业教育教师队伍建设"等。

2006年《关于全面提高高等职业教育教学质量的若干意见》	2005年《关于大力发展职业教育的决定》
"推行与生产劳动和社会实践相结合的学习模式","加强和推进校外顶岗实习力度，使校内生产性实训、校外顶岗实习比例逐步加大，提高学生的实际动手能力"等。	"建立与市场需求和劳动就业紧密结合，校企合作、工学结合，结构合理、形式多样，灵活开放、自主发展，有中国特色的现代职业教育体系","推动公办职业学校与企业合作办学，形成前校后厂（场）、校企合一的办学实体"等。

（b）2000—2009年

2010年《国家中长期教育改革和发展规划纲要（2010—2020年）》"建立健全政府主导、行业指导、企业参与的办学机制，制定促进校企合作办学法规，推进校企合作制度化"，"探索部门、行业、企业参与办学的机制"等。	→	2012年《国家教育事业发展第十二个五年规划》"鼓励各地、各行业从自身实际出发，实行多种形式的产教结合和校企合作"，"积极推进对生产教学过程一体化、校企一体化、职教基地和产业集聚区一体化的探索，把车间办到学校，把学校办到企业"等。
2014年全国职业教育大会习近平总书记批示"坚持产教融合、校企合作，坚持工学结合、知行合一，引导社会各界特别是行业企业积极支持职业教育，努力建设中国特色职业教育体系"等。	←	2014年《现代职业教育体系建设规划（2014—2020）》到2015年"初步形成现代职业教育体系框架"，到2020年"基本建成中国特色现代职业教育体系"，"优化职业教育服务产业布局"，"加快民办职业教育发展"，"推动职业教育集团化发展"等。
2014年《国务院关于加快发展现代职业教育的决定》"到2020年，形成适应发展需求、产教深度融合、中职高职衔接、职业教育与普通教育相互沟通，体现终身教育理念，具有中国特色、世界水平的现代职业教育体系"等。	→	2015年《关于深化职业教育教学改革全面提高人才培养质量的若干意见》"深化校企协同育人"，"强化行业对教育教学的指导"，"推进专业教学紧贴技术进步和生产实际"，"有效开展实践性教学"等。
2018年《职业学校校企合作促进办法》"鼓励东部地区的职业学校、企业与中西部地区的职业学校、企业开展跨区校企合作"，"教育、人力资源社会保障部门应当会同有关部门，建立产教融合信息服务平台"等。	←	2017年《关于深化产教融合的若干意见》"深化产教融合，促进教育链、人才链与产业链、创新链有机衔接"，"鼓励企业依法参与举办职业教育、高等教育，坚持准入条件透明化、审批范围最小化"等。

(c) 2010—2018年

图2-9　20世纪90年代以来我国关于职业教育校企合作的政策

（三）总结与启示

1. 国外职业教育校企合作政策的共同点

总体说来，德国、日本、美国、澳大利亚政府都非常重视校企合作在职业教育中的作用，均从立法层面给予了高度支持，其共同点主要可概括为以下几点：① 校企合作相关法律法规较为完备、可操作性强。政府财政支持为校企合作的开展提供了有力的资金支持，优惠政策或规定性政策为建立合作关系提供了动力机制，另外，法律法规制定非常务实，资金支持、税收减免等各种政策实施简单、易操作。② 从立法层面促进企业全过程参与职业教育人才培养。在政策引导下，企业参加人才培养方案制订、课程设计、教学实施等人才培养全过程，承担学生的校外培训任务与培训费用，还定期为学生发放生活津贴，不仅减轻了学生的生活负担，还有助于学生利用劳动所得获取更多的知识、资源，也为增加院校声誉、提高企业发展水平提供了潜在能量，形成良性循环，促进校企合作关系可持续发展。③ 注重对职业教育校企合作绩效进行科学评价。各国均制定了详尽的细则对校企合作具体绩效进行评价，以科学、公平、合理地落实财政税收优惠政策，并强化监管职能。

2. 我国职业教育校企合作政策存在的不足

我国自20世纪90年代以来已经出台多个相关政策支持职业教育校企合作的发展，不过政策机制依旧需要不断健全和完善。与国外相比，目前我国职业教育校企合作相关的法律和政策所存在的不足之处主要表现在：① 政策可操作性有进一步提升的空间。虽然我国政府为促进职业教育校企合作设计出台了许多方案和计划，近年来对推进校企合作发挥了积极作用，但在具体财政税收等执行操作性上仍有一定的提升空间，如我国虽然为鼓励校企合作制定了一些优惠政策，但减免合作企业税收等相关政策制度不完善、不具体或执行不力，使得企业难以获得合理补偿，造成难以有效激发企业参与合作的积极性。② 校企合作经费投入与监管有进一步提升空间。总体说来，我国校企合作经费支持机制以及多渠道、多层次的合作经费投入体系还不太完善，同时，对于合作经费投入科学性与使用有效性的管理制度和监督机制也需要逐步加强。③ 地方政府落地政策与措施需进一步配套到位。地方政府应能在国家职业教育合作相关的总体原则性框架下，对校企合作的相应政策进行具体化、细则化地制定和实施。④ 对校企合作质量的综合性考评需进一步强化。我国目前尚未建立权威机构对职业教育校企合作全程进行监督和评价，同时，现有法律法规过于原则性而缺少具体规定，并且我国还未针对校企合作的实用性和有效性形成成熟且可操作的评价标准体系。

第三章
高职校企合作关系演化博弈模型构建与分析

长期之来,校企合作被世界公认为提高学校人才培养质量、提升企业核心竞争力、促进区域经济增长的重要战略措施。目前,我国几乎所有高校都在进行着不同程度的校企合作,如校企合作办学、校企协同创新、校企共建实践基地等,有效地促进了校企之间资源共享、优势互补与共同发展。但不可忽视的是,我国高校的校企合作存在着合作动力不足、层次不高、内涵不丰富、机制不完善、关系不稳定等瓶颈问题,导致校企合作关系难以深入、健康、稳定发展。

近年来,国内外学者运用系统理论、生态学理论、激励理论等,对校企合作关系的发展环境、经营模式、运行机制、影响因素、实现路径等进行了一系列的研究,取得了一定的成果。丁金昌、童卫军、黄兆兴(2008)通过对高职校企合作机制中的存在问题分析,提出要建立可持续发展的校企合作关系,须进行校企合作机制创新①;吴同喜、孟祥玲(2010)从生态学的角度提出促进校企合作关系深入发展的生态一体化发展路径②;邱璐轶(2011)对影响校企合作关系的内部机制与外部环境进行分析,并提出相应对策③。由于校企合作的核心问题是利益分配问题,也有不少学者从博弈论角度对校企合作关系进行探讨。王自勤(2008)通过对校企合作关系的静态博弈分析,提出校企合作动力不足

---

① 丁金昌,童卫军,黄兆信. 高职校企合作运行机制的创新[J]. 教育发展研究,2008(17).
② 吴同喜,孟祥玲. 高职教育校企一体生态发展路径探析[J]. 职业技术教育,2010(35).
③ 邱璐轶. 高职校企合作的影响因素分析[J]. 教育探索,2011(4).

的原因在于陷入"囚徒困境"[①];杨国良(2012)通过构建政府对企业的静态博弈模型,论述了政府对促进校企合作关系稳定发展的重要性[②]。由于校企双方有限理性与机会主义行为的存在,校企合作关系在实践中很难一次做出最优的策略决定。因此,也有学者从演化博弈的视角来探讨校企合作关系。吴健辉、黄志坚、贾仁安(2006)通过构建校企合作演化博弈模型,提出校企合作关系的稳定发展过程就是校企利益不断调整直到平衡的动态过程[③];詹美求、潘杰义(2008)建立校企合作创新利益分配博弈模型,得出校企合作关系最优合约安排应与工作努力水平、工作贡献系数、创新性成本系统相关[④]。

总体说来,目前学者对校企合作关系的研究,多从定性角度对其理念与价值进行分析,而缺乏对其内在发展机理的经济学理论分析;部分学者基于完全理性的假设构建了静态博弈模型,但不能有效反映校企重复动态博弈的真实状态;个别学者从有限理性的角度构建了动态演化博弈模型,但主要基于成本与收益的比较分析,研究指标不够系统与全面。鉴于此,本书运用演化博弈的理论与方法,在研究内容上纳入政府扶持作用,在研究指标上综合考虑校企合作成本、超额收益、违约罚金、收益分配系数、成本分摊系数、政府补贴六个影响因素,以更全面、更深刻地揭示影响校企合作关系稳定性的内在机理,为学校、企业及政府实现校企合作关系稳定、可持续发展提供决策参考。

高职校企合作关系演化博弈模型构建

演化博弈理论(evolutionary game theory)的核心思想是指各有限理性的博弈方以不断试错的方式寻找最优策略直至实现系统动态均衡,其关键概念是演化稳定策略(evolutionary stable strategy,简称ESS)与复制动态(replicator dynamic),

---

① 王自勤. 高职院校校企合作的博弈分析 [J]. 中国高教研究, 2008 (9).
② 杨国良. 政府监管有效性及职业教育校企合作发展路径研究 [J]. 中国职业技术教育, 2012 (30).
③ 吴健辉, 黄志坚, 贾仁安. 校企合作的演化博弈稳定性分析 [J]. 商业研究, 2006 (23).
④ 詹美求, 潘杰义. 校企合作创新利益分配问题的博弈分析 [J]. 科研管理, 2008 (1).

它们分别代表演化博弈的稳定状态和向这种稳定状态的动态演化过程。① 本书采用两群体反复博弈—复制动态的演化博弈方法，在对相关研究文献的梳理前提下，提出模型基本假设，并构建产学研合作演化博弈模型。

（一）假设条件与支付矩阵

在综合考虑产学研合作利益博弈的实际影响因素与模型可操作性的基础上，本书给出以下基本假设：

假设1：参与主体。产学研合作博弈中仅有两类参与者，分别为高校（S）与企业（C）。由于校企双方主体利益、价值取向、认知能力等不同，在合作博弈策略选择上必然有一定的差异性与试错性，产学研合作稳定过程也就是校企双方在互动博弈中不断调整行为策略并达到最优均衡的过程。

假设2：合作策略。校企双方的策略集为（合作，不合作），用 α 和 β 分别代表校企双方在博弈初期采取"合作"策略的概率，则高校采用"不合作"的概率为 $1-\alpha$，企业采用"不合作"的概率为 $1-\beta$，其中 $\alpha,\beta\in[0,1]$。"合作"策略下校企双方均能积极投入人、财、物，积极促使合作项目的完成；"不合作"策略下校企中一方单独完成项目或合作过程中一方退出合作而导致合作结束。

假设3：合作收益。用 π_S 和 π_C 分别代表高校与企业实施"不合作"策略时的正常收益。ΔV 代表双方实施"合作"策略所带来的超额收益，$\Delta V>0$，θ 代表超额收益中高校的分配比例，即高校超额收益为 $\theta\Delta V$，企业超额收益为 $(1-\theta)\Delta V$，其中 $\theta\in[0,1]$。

假设4：合作成本。校企产学研合作必然发生一定的人、财、物成本投入，由于信息不对称等原因，产学研合作在建立和维持过程中还会发生诸如沟通、谈判、审批、履约、监督等大量的附加成本。② 用 ΔC 代表校企双方投入的总合作成本，用 γ 代表高校的成本分摊比例，则高校分摊成本为 $\gamma\Delta C$，企业分摊成本为 $(1-\gamma)\Delta C$，其中 $\gamma\in[0,1]$。

假设5：违约罚金。假设在产学研合作过程中，对违约行为进行惩罚，即校企

---

① H. W. Weibull. Evolutionary Games Theory [M]. Boston：MIT Press, 1998：32.
② 苏敬勤.产学研合作创新的交易成本及内外部化条件[J].科研管理,1995(5).

中任何一方违约退出合作,则根据合作协议,违约方需要支付给另一方的罚金为 P。

假设6:政府扶持。政府作为产学研合作的推动者、利益的协调者、过程的监督者、成果的评估者,不直接参与校企博弈,但政府可通过扶持机制引导与激励校企产学研合作发展。[①] 假设政府给予产学研合作重大项目或有突出业绩的高校与企业进行财政补贴 G。

产学研合作过程中的相关支付矩阵如表3-1所示。

表3-1 产学研合作博弈支付矩阵

		企业(C)	
		合作(β)	不合作($1-\beta$)
高校(S)	合作(α)	$\pi_S + \theta\Delta V - \gamma\Delta C + G$, $\pi_C + (1-\theta)\Delta V - (1-\gamma)\Delta C + G$	$\pi_S - \gamma\Delta C + P$, $\pi_C - P$
	不合作($1-\alpha$)	$\pi_S - P$, $\pi_C - (1-\gamma)\Delta C + P$	π_S, π_C

(二)演化博弈模型构建

当高校实施"合作"策略时,其收益为:

$$U_{S_1} = \beta(\pi_S + \theta\Delta V - \gamma\Delta C + G) + (1-\beta)(\pi_S - \gamma\Delta C + P)$$

当高校实施"不合作"策略时,其收益为:

$$U_{S_2} = \beta(\pi_S - P) + (1-\beta)\pi_S$$

混合策略,即高校实施"合作"策略与"不合作"策略的平均收益为:

$$\overline{U_S} = \alpha U_{S_1} + (1-\alpha)U_{S_2}$$

由 Malthusian 动态方程可知,校企产学研合作策略的增长率等于它的相对适应度。只要采取这个策略的个体适应度比群体的平均适应度高,那么这个策略就会增长。由此可得到高校 S 选择"合作"策略的动态复制方程为:

$$\frac{d\alpha}{dt} = \alpha(1-\alpha)(U_{S1} - U_{S2}) = \alpha(1-\alpha)(\beta\theta\Delta V + \beta G - \gamma\Delta C + P) \quad 式(3-1)$$

---

① 杜世禄,黄宏伟.高职校企合作中地方政府的角色与功能[J].教育发展研究,2006(11).

同理,可以得出企业 C 选择"合作"策略的动态复制方程为:

$$\frac{d\beta}{dt}=\beta(1-\beta)[\alpha(1-\theta)\Delta V+\alpha G-(1-\gamma)\Delta C+P] \qquad 式(3-2)$$

产学研合作的稳定性演化过程可通过雅可比矩阵的稳定性分析得到,通过式(3-1)与式(3-2)构建的方程组可得到雅可比矩阵为:

$$J_e=\begin{bmatrix}(1-2\alpha)[\beta(\theta\Delta V+G)-\gamma\Delta C+P] & \alpha(1-\alpha)(\theta\Delta V+G) \\ \beta(1-\beta)[(1-\theta)\Delta V+G] & (1-2\beta)\{\alpha[(1-\theta)\Delta V+G]-(1-\gamma)\Delta C+P\}\end{bmatrix}$$

矩阵 J_e 的迹为:

$$\mathrm{tr}J_e=(1-2\alpha)[\beta(\theta\Delta V+G)-(\gamma\Delta C-P)]+(1-2\beta)\{\alpha[(1-\theta)\Delta V+G]-[(1-\gamma)\Delta C-P]\}$$

(三)演化博弈模型分析

根据以上博弈模型,产学研合作稳定性情况可分以下两种情况来讨论:

第一种情形,当违约罚金大于校企双方各自的投入成本时,即 $\gamma\Delta C-P<0$ 且 $(1-\gamma)\Delta C-P<0$ 。

根据 Friedman(1991)提出的局部稳定性分析方法①,可得系统在 $S=\{(\alpha,\beta); 0\leq\alpha,\beta\leq 1\}$ 有 4 个局部平衡点,分别为 (0,0),(0,1),(1,0),(1,1)。其相应的雅可比矩阵的稳定性如表 3-2 所示。

表 3-2　违约罚金大于投入成本时的均衡结果

均衡点	符号	trJ_e 符号	结果
O(0,0)	+	+	不稳定
A(0,1)	-	不确定	鞍点
B(1,0)	-	不确定	鞍点
C(1,1)	+	-	ESS

由表 3-2 可以看出,当校企双方各自的投入成本均小于违约罚金时,O 点为不稳定源点,A 点、B 点为鞍点,C 点为(合作,合作)策略稳定点,也就意味着当违约

---

① D. Friedman. Evolutionary Games in economics[J]. E-conometrica, 1991(59).

罚金远远高于校企双方各自的投入成本时,双方演化博弈策略必然是"合作",这充分说明在产学研合作过程中建立惩罚机制的重要性。其博弈动态过程相位图如图3-1所示。

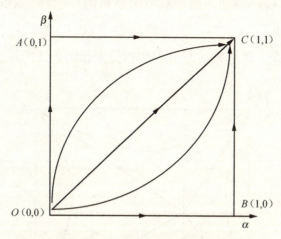

图3-1 违约罚金大于投入成本时的演化相位图

第二种情形,当违约罚金小于校企双方各自的投入成本时,即 $\gamma\Delta C - P > 0$ 且 $(1-\gamma)\Delta C - P > 0$。

根据 Friedman 提出的局部稳定性分析方法,可得系统在 $S = \{(\alpha,\beta);0 \leq \alpha,\beta \leq 1\}$ 有5个局部平衡点,分别为 $(0,0)$,$(0,1)$,$(1,0)$,$(1,1)$,$D\left(\dfrac{(1-\gamma)\Delta C - P}{(1-\theta)\Delta V + G}, \dfrac{\gamma\Delta C - P}{\theta\Delta V + G}\right)$。其相应的雅可比矩阵的稳定性如表3-3所示。

表3-3 违约罚金小于投入成本时的均衡结果

均衡点	符号	trJ_e 符号	结果
$O(0,0)$	+	−	ESS
$A(0,1)$	+	+	不稳定
$B(1,0)$	+	+	不稳定
$C(1,1)$	+	−	ESS
$D\left(\dfrac{(1-\gamma)\Delta C - P}{(1-\theta)\Delta V + G}, \dfrac{\gamma\Delta C - P}{\theta\Delta V + G}\right)$	+	0	鞍点

从表3-3可以看出,当校企双方各自的投入成本均大于违约罚金时,O 点和 C 点是稳定点,它们分别对应于校企(不合作,不合作)、(合作,合作)两种帕累托

最优结果。A 点与 B 点为博弈不稳定源点，D 点 $\left(\dfrac{(1-\gamma)\Delta C-P}{(1-\theta)\Delta V+G},\dfrac{\gamma\Delta C-P}{\theta\Delta V+G}\right)$ 为鞍点。当初始状态处于由两个不稳定的均衡点和鞍点连成折线的右上方（$ADBC$ 区域）时，系统将向 C 点 $(1,1)$ 收敛，校企双方关系将向"合作"状态演进；当处在折线的左下方（$OADB$ 区域）时，系统将向 O 点 $(0,0)$ 收敛，校企双方关系将向"不合作"状态演进。其博弈动态过程的相位图如图 3-2 所示。

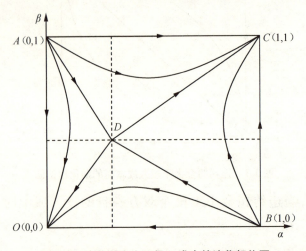

图 3-2　违约罚金小于投入成本的演化相位图

由于目前我国校企产学研合作模式、机制、成果转化等还不成熟，上述第一种情形即当产学研合作协议中规定的违约罚金大于双方各自的投入成本时会直接导致校企双方不合作。因此，下文将主要讨论第二种情形即违约罚金小于双方各自的合作成本时的产学研合作演化博弈演化情况。

二、高职校企合作关系演化的稳定性影响因素

由演化相位图 3-2 可知，产学研合作的稳定状态为（合作，合作），（不合作，不合作）两种。产学研合作将向哪一个方向发展，取决于 $ADBC$ 区域面积（S_2）与 $OADB$ 区域面积（S_1）的大小比较，S_1 面积越小，校企双方实施（合作，合作）策略的概率就越高；S_2 面积越小，校企双方实施（不合作，不合作）策略的概率就越高。其中 $OADB$ 区域面积（S_1）的计算公式为：

$$S_1 = \frac{1}{2}\left[\frac{\gamma\Delta C - P}{\theta\Delta V + G} + \frac{(1-\gamma)}{(1-\theta)}\frac{\Delta C - P}{\Delta V + G}\right]$$

下面分别讨论影响 $OADB$ 区域面积 S_1 变化的主要因素及控制方法。

（一）合作成本 ΔC

由 S_1 面积计算公式对 ΔC 求导可得 $\frac{\partial S_1}{\partial \Delta C} = \frac{1}{2}\left[\frac{\gamma}{\theta\Delta V + G} + \frac{1-\gamma}{(1-\theta)\Delta V + G}\right] > 0$，故 S_1 是 ΔC 的单调增函数。即当对校企双方合作成本 ΔC 增加时，$OADB$ 区域面积 (S_1) 将不断增大，校企"不合作"的概率将增大，产学研合作向（不合作，不合作）的稳定状态演进的可能性提高；当双方合作成本 ΔC 降低时，$OADB$ 区域面积 (S_1) 将不断减少，校企"合作"的概率将增大，产学研合作向（合作，合作）的稳定状态演进的可能性提高。因此，要使产学研合作向（合作，合作）的稳定状态演进，必须有效控制校企双方各自投入的合作成本与费用，以降低双方合作的风险。

（二）超额收益 ΔV

由 S_1 面积计算公式对 ΔV 求导可得 $\frac{\partial S_1}{\partial \Delta V} = -\frac{1}{2}\left[\frac{\theta(\gamma\Delta C - P)}{(\theta\Delta V + G)^2} + \frac{(1-\theta)[(1-\gamma)\Delta C - P]}{[(1-\theta)\Delta V + G]^2}\right] < 0$，故 S_1 是 ΔV 的单调减函数。即当校企双方获得的超额收益 ΔV 增加时，$OADB$ 区域面积 (S_1) 将不断减小，校企双方"合作"的概率将增大，产学研合作向（合作，合作）的稳定状态演进的可能性提高。对于校企双方而言，合作获取的超额收益越大，双方实施"合作"策略的可能性越高。因此，在产学研合作之初，必须加强项目可行性、必要性、创新性以及成果可转化性论证，以保证合作项目的效益最大化。

（三）收益分配系数 θ

由 S_1 面积计算公式对 θ 求导可得 $\frac{\partial S_1}{\partial \theta} = \frac{1}{2}\left[\frac{\Delta V[(1-\gamma)\Delta C - P]}{[1-\theta\Delta V + G]^2} - \frac{\Delta V[\gamma\Delta C - P]}{[\theta\Delta V + G]^2}\right]$。

由于 θ 对 S_1 的影响是非单调的,然后再由 S_1 对 θ 求二阶导数,可得:

$$\frac{\partial^2 S_1}{\partial \theta^2} = \frac{1}{2}\left[\frac{(\Delta V)^2 \cdot [(1-\gamma)\Delta C - P]}{[(1-\theta)\Delta V + G]^2} + \frac{[\Delta V]^2[\gamma \Delta C - P]}{[\theta \Delta V + G]^2}\right]$$

令 $\frac{\partial S_1}{\partial \theta} = 0$,当满足 $\frac{\Delta V[(1-\gamma)\Delta C - P]}{[(1-\theta)\Delta V + G]^2} = \frac{\Delta V[\gamma \Delta C - P]}{[\theta \Delta V + G]^2}$ 时,S_1 有极小值,此时产学研合作向 $C(1,1)$ 点即(合作,合作)稳定状态演进的概率最大。因此,在产学研合作中存在一个最优超额收益分配系数,使得校企(合作,合作)策略的可能性最大。

(四) 成本分摊系数 γ

由 S_1 面积计算公式对 γ 求导可得 $\frac{\partial S_1}{\partial \gamma} = \frac{1}{2}\left[\frac{\Delta C}{\theta \Delta V + G} - \frac{\Delta C}{(1-\theta)\Delta V + G}\right]$。$\gamma$ 对 S_1 的影响是非单调的,此时可分为两种情况来分析:

其一,$\theta \Delta V + G > (1-\theta)\Delta V + G$ 时,$\frac{\partial S_1}{\partial \gamma} < 0$,$S_1$ 是 γ 的单调减函数,即高校获取的分配收益加上政府补贴减去投机收益的值比企业获取的值大时,高校的成本分摊系数 γ 越大,S_1 面积越小,则产学研合作向(合作,合作)状态演进的可能性越大。这就意味着高校获取的收益越大,其相关成本分摊比例越高时,产学研合作向(合作,合作)稳定状态演进的概率越大。

其二,$\theta \Delta V + G < (1-\theta)\Delta V + G$ 时,$\frac{\partial S_1}{\partial \gamma} > 0$,$S_1$ 是 γ 的单调增函数,同理,这就意味着高校获取收益越小时,其成本分摊 γ 越小,S_1 面积越大,则产学研合作向(合作,合作)状态演进的可能性越小。

由 S_1 面积计算公式对 γ 求导分析,可以看出产学研合作成本与收益分配系数呈正相关性。因此,产学研合作的良性发展,离不开公平合理的成本分摊与收益分配机制。

(五) 违约罚金 P

由 S_1 面积计算公式求导可得 $\frac{\partial S_1}{\partial D} = -\frac{1}{2}\left[\frac{1}{\theta \Delta V + G} + \frac{1}{(1-\theta)\Delta V + G}\right] < 0$,故 S_1

是 P 的单调减函数。即当产学研合作中对违约行为实施严厉的处罚措施时,即违约罚金 P 提高时,$OADB$ 区域面积(S_1)将减小,校企双方"合作"的概率提高,产学研合作向(合作,合作)稳定状态演进的可能性增大。因此,在产学研合作中适当地提高违约罚金 P,有利于产学研合作向(合作,合作)稳定状态演进。

(六) 政府补贴 G

由 S_1 面积计算公式对 G 求导可得 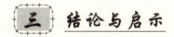,故 S_1 是 G 的单调减函数。即当政府补贴 G 提高时,$OADB$ 区域面积(S_1)将减小,校企双方"合作"的概率提高,产学研合作向(合作,合作)稳定状态演进的可能性增大,此时政府补贴对产学研合作起到较好的促进作用。因此,为推动产学研合作的深入发展,政府应采取必要的促进措施,如财政补贴、绩效奖励、税收减免等。

三 结论与启示

基于以上分析可知,产学研合作的演化方向受合作成本、超额收益、收益分配系数、成本分摊系数、违约罚金、政府补贴等多重因子的综合影响,其中利导因子包括超额收益、违约罚金、政府补贴;限制因子包括合作成本;而收益分配与成本分摊的公平性也制约着校企产学研合作的演化趋势。

(一) 合理选择战略合作伙伴

战略合作伙伴的选择关系到校企产学研合作的成功实施与稳定持续发展。产学研合作各方在选择合作伙伴时,应坚持"资源共享,优势互补,互利互惠,共谋发展"的原则,注重能否实现资源互补性、能否实现研发能力与成果转化等方面的协同效应,以实现合作超额收益最大化。

（二）加快高校体制机制改革

目前我国大部分的高职院校是公立性质，深层次的产学研合作无不涉及资金、设备、设施等交换问题，由于体制机制的制约，高职院校须向上级部门逐层申请，严重降低高职校企合作效率。因此，政府应改变对高职院校权力约束过大、管理太细的现状，给予高校适当的经营自主权，给高职校企产学研合作提供更多、更大的发展空间。

（三）构建稳定长效发展机制

当前，应在遵循市场规律的前提下，以均衡兼顾校企双方利益为基础，构建科学、合理、公平的高职校企合作机制。一是要构建利益驱动机制，在产学研合作中充分认证项目可行性、成果转化率，找准产学研合作利益均衡点，为产学研合作提供可持续发展的动力系统；二是要构建收益分配与风险共担机制，合理分配资金投入、知识产权归属、权益分配、风险分担等，保障产学研合作行为有序进行；三是要构建约束机制，政府应从政策制度上给予保障，应尽快出台完备的国家法律与政策配套的规范体系、保障体系和具体可操作的产学研合作实施细则来规范合作双方的行为。

（四）发挥政府引导激励职能

从本质上来看，高校是一种以培养人才为主的公益性组织，企业是以盈利为目的的经济性组织，在校企双方产学研合作的过程中，必然存在合作双方在合作目标、合作方式、利益分配上产生立场不一致、认识不一致、行为倾向不一致的现象。西方国家的成功经验表明，要推动一个国家的技术创新与科技进步，仅靠高校、企业、科研机构本身的力量是远远不够的，必须有政府的政策引导和发展战略支撑。因此，政府须对校企产学研合作行为加以引导，各级地方政府与教育部门可通过财政、税收、信贷、知识产权等方面的奖励政策打造立体化的产学研合作服务体系，可通过捐资助学、社会捐赠以及税前列支等方法设立产学研合作专项基金，以保障校企产学研合作稳定、可持续发展。

第四章
演化博弈视角下的高职校企合作生态系统分析

前文已经提到过，目前国内外部分学者开始从生态学、博弈论的视角来研究校企合作关系，但尚未以"校企合作生态系统"的视角研究校企合作关系。从教育生态学的视角来看，校企合作生态系统具有类似于自然生态系统的结构特征和演进历程，属于开放性的复杂系统。相比于自然生态系统，校企合作生态系统受到更多的人为影响，在融入了理性判断以及利益冲突的情况下，校企合作生态系统会一直处于各参与方演化博弈的动态发展过程中。

为更清晰地梳理校企合作内在的发展机理，本章将在校企合作生态系统与自然生态系统进行类比分析的基础上，详细地阐释校企合作生态系统的内涵、构成、结构、特征、功能、影响因素，以期为校企合作协调可持续发展提供新颖的思路和方法。

一、自然生态系统与校企合作生态系统的对比分析

自然生态系统指的是在一定的时间和空间范围内，生物与其所处环境所构成的统一整体，且这个整体在一定时期内处于相对稳定的动态平衡状态。自然生态系统由无机环境和生物群落两大部分构成，其中无机环境是自然生态系统的非生物组成部分，其条件的好坏直接决定了生物群落的富裕度以及生态系统的复杂度，它包括阳光这个直接能量来源以及水、无机盐、空气等维持生命最为基础的物质条件；生物群落是一定时间内居住在一定区域或环境内各种生物

种群的集合，它可反作用于无机环境，其中包括生产者、消费者和分解者，生产者在生物群落中起基础性作用，消费者是加快能量流动和物质循环的"催化剂"，分解者则是连接生物群落和无机环境的桥梁。自然生态系统各组成部分通过紧密相连、相互影响、相互制约，成为一个具有一定功能的有机整体。

校企合作生态系统将人的作用凸显了出来，院校、企业、政府等参与主体之间的联系都需要人作为行动者。根据自然生态系统的内涵，校企合作也可视为一个由外界社会经济环境以及院校与企业群落所构成的复杂的生态系统，各组成要素在一定的区域范围内形成集聚，并通过信息传递、能量流动等方式相互构建联系、相互发生影响，从而实现共同进化。① 另外，在系统组成要素、基本属性、结构、进化等方面，校企合作生态系统与自然生态系统又存在明显的差异，两者的对比结果如图4-1所示。

```
        ┌ 组成要素 ┌ 非生物成分：阳光、土壤、水、空气、无机盐等
        │         └ 生物成分：绿色植物、动物、微生物等
        │ 要素间的关系 ┌ 生物与非生物之间：生物依赖于非生物
        │             └ 生物群落之间：共生、竞争、捕食、寄生等
自然    │ 基本属性：整体性、正负反馈、稳定性
生态 ───┤ 稳定性：抵抗外部的干扰能力强
系统    │ 营养结构：食物链、食物网
        │ 进化原则：自然选择、优胜劣汰
        │ 进化过程：产生、形成、发展、演化
        │ 进化途径：基因突变、外来基因流入
        └ 进化趋势：向顶级群落演化
```

(a) 自然生态系统

---

① 李春发，王向丽. 基于生态学的创意产业生态系统基本架构研究 [J]. 武汉理工大学学报（社会科学版），2013，26（5）.

校企合作生态系统 {
- 组成要素 {
  - 环境成分：政治、经济、法律、文化等
  - 主体成分：院校、企业、政府、学生等
  - 调节机制：校企合作战略、模式、机制等
- 要素间的关系 {
  - 主体与环境之间：相互作用、相互影响
  - 主体群之间：共生、合作、竞争、兼并、引导等
- 基本属性：整合性、知识密集性、技术资本密集性、动态演化性
- 稳定性：合作者数量越大且关系越复杂，系统稳定性越强
- 价值结构：价值链、价值网
- 进化原则：适者生存
- 进化过程：建立、形成、发展、演化
- 进化途径：知识积累、科学研发、技术创新、目标融合
- 进化趋势：向共赢可持续目标迈进
}

(b) 校企合作生态系统

图 4-1 自然生态系统与校企合作生态系统的对比分析

类比于自然生态系统，图 4-1 归纳了校企合作生态系统的对应属性，主要展示了两者的差异性。从组成要素来看，自然生态系统由动植物、微生物和所处的自然环境构成，由此所对应的要素间关系主要为动物、植物和微生物之间的生物生存与竞争关系，以及各生物种群生存必须依赖于自然环境的事实；校企合作生态系统的构成要素则更为具体，主要参与主体为院校、企业、政府和学生，所处环境更多从社会与经济角度得以体现，由此所形成的要素间关系主要为合作协议达成以及合作过程中涉及的竞争、引导、合作等政校企之间的关系，同时还有参与主体与所处社会经济环境之间的影响联系。从基本属性和稳定性来看，两者的共同点在于强调整体性或整合性，但由于系统要素的不同以及系统建立的目的不同，自然生态系统更容易通过正负反馈作用，自发地达到相对稳定的状态；而校企合作生态系统的构成要素决定了其需要强调知识与资本的重要性，同时，各参与主体因参与博弈，导致校企合作生态系统表现出动态演化的特征，不过参与者规模越大、参与者之间的利益关系越复杂，校企合作生态系统的稳定性就会在更多方面受到牵制，导致该系统越不容易被打破。从系统进化来看，自然生态系统与校企合作生态系统的进化原则与过程在本质上是一致的，对于进化途径而言，自然生态系统展现出更多的不确定性以及小概率性，而校企合作生态系统则表现出明显的目标性以及人为可操作性，由此决定

了自然生态系统向顶级群落演化的趋势较为漫长，而校企合作生态系统为达成共赢目标所需时间则主要由参与者共同决定。

二 校企合作生态系统的内涵

"生态系统"概念最初由英国生态学家 Arthur George Tansley 提出，随后，众多学者开始将生态系统理论应用到社会学、经济学、管理学、教育学等多项领域之中，至20世纪60年代，有关生态系统的研究已发展成为一个包容性、综合性很显著的研究领域。美国著名教育家 Lawrence A. Cremin 于1979年完成《公共教育》一书，成为研究公共教育与教育生态学的经典著作。其中所提出"教育生态学"意在从生态学角度营造良好的教育氛围，其核心目的在于让学生在相互理解、合作互利的环境中学习，享受其中和谐的精神生活。

戈尔曼在《生态智慧》一书中指出："对于关注生态系统而言，关键是要改变人的思维方式。"该书从生态学的全新视角出发，所构建出的高职校企合作生态系统可视为衔接高职院校和企业行业的必要"粘合剂"①。高职校企合作的发展如同自然生态系统的群落演化一样，各参与主体一方面为各自利益相互博弈、相互协调，另一方面又作为一个整体与所处的外部生态环境相互影响、相互作用。因此，类比于自然生态系统的概念，校企合作生态系统可以视作是在一定的时空尺度内，学校、企业（行业）、政府、学生（家长）四个利益相关方与所处的政治、经济、文化等外部环境之间通过复杂非线性机制的有机耦合而形成的复杂的人工生态系统。在校企合作生态系统中，各参与主体基于不同的利益驱动，不断地进行物质、能量和信息的交换，注重社会、经济、环境综合效益，各司其职，协同共生，共同维持系统的延续和发展。校企合作生态系统各组成要素之间的结构关系见图4-2。

---

① Daniel Goleman. Ecological Intelligence [M]. Crown Business, 2009：79.

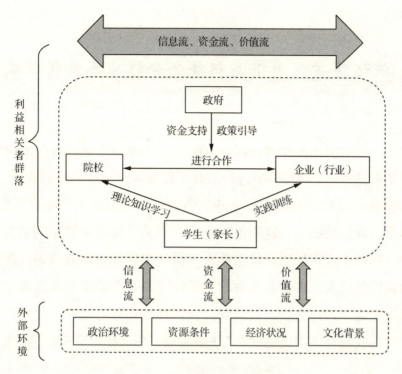

图 4-2 校企合作生态系统模型图

校企合作生态系统主要可以分为利益相关者群落和它们所处的外部环境，图 4-2 则展示出了校企合作生态系统中各要素之间的结构关系。利益相关者群落包含院校、企业（行业）、政府以及学生（家长），其中，院校以及企业（行业）是校企合作的直接主体；政府则起到"催化剂"的作用，主要对校企合作进行资金支持以及政策引导；学生（家长）则是校企合作的关键参与者，且学生是校企合作的培养目标群体，其主要任务是接受理论知识教育和参与实践训练，家长是校企合作的重要支持者。在利益相关者群落中，各参与者之间在不断进行着信息流、资金流以及价值流的传递和交换。外部环境中包含着政治、资源、经济、文化等外界影响条件，影响着利益相关者群落的发展可持续性。同时，在校企合作生态系统中，外部环境与利益相关者群落之间也在进行着信息流、资金流和价值流的传递，各要素之间的信息交换和能量传递都处于动态变化之中。

三 演化博弈视角下高职校企合作生态系统构成条件

本书第二章的演化博弈理论部分对院校与企业做出是否合作的决策进行了组合，表2-1显示出了四种策略选择组合下院校与企业所获得的收益。反过来，院校与企业也可以通过对现有信息的判断，对合作前后的收益进行预测比较，从而做出是否合作的决定，这不仅决定着合作关系是否能够顺利建立，同样也会决定着高职校企合作生态系统中两大主体的主导能力孰强孰弱。高职院校与企业均为理性经济人，在信息不对称的条件下，双方必定会首先考虑自身所获净收益来决定是否进行合作。假设双方在信息不充分的情况下均进行了理性预测，所预测的收益与成本仍通过表2-1来展现，那么依旧呈现出四种类型的情形（图4-3）。

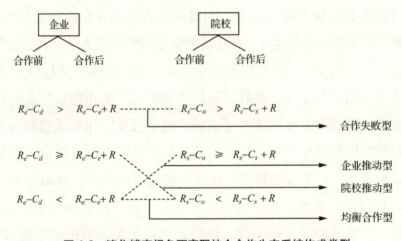

图4-3 演化博弈视角下高职校企合作生态系统构成类型

（一）合作失败型

当高职院校与企业均预测双方合作后各自所获得的净收益小于合作前净收益时，即 $R_e - C_d > R_e - C_e + R$ 且 $R_s - C_o > R_s - C_s + R$，双方从自身利益的角度出发，均会选择采取不合作的决策，从而导致高职校企合作生态系统无法建立。

这种情况说明双方构造校企合作生态系统所投入的成本过大，而预测合作后各自所能获得的共同纯收益过小，由此造成校企合作可带来的资源共享优势没有机会发挥。造成此结果的主要原因可能为院校与企业规模较小或者双方涉足的领域不够紧密，由此导致双方从事自身运行与管理之外的活动难度较大。

（二）企业推动型

当企业预测合作后其所获得的净收益大于合作前的净收益，而院校预测其合作后所获得的净收益小于或接近合作前净的收益时，即 $R_e - C_d < R_e - C_e + R$ 而 $R_s - C_o \geqslant R_s - C_s + R$，企业更愿意与院校进行合作，而院校则倾向于独立发展。此种合作关系的构建主要由企业来推动，在企业进行大力宣传与争取之后，院校若同意达成合作协议，则可以构建出企业推动型的校企合作生态系统。在这种情况下，企业往往获得的合作净收益没有其预期净收益多，而院校则能获得其预期以外的收益或减少预期以外的成本。企业推动型校企合作生态系统得以构建的主要原因在于企业对于技术高端人才需求量大，且市场难以满足此需求，或者自身进行技术创新难度较大，需要院校提供专业化理论指导。同时，院校自身体系较为完备，无需企业协助也能为培养人才创造良好的环境。不过，这种情况在现实状况中很少出现。

（三）院校推动型

院校推动型则与企业推动型情况相反，表现为院校预测合作后其所获得的净收益大于合作前的净收益，而企业预测合作后其所获得的净收益小于或接近合作前的净收益，即 $R_s - C_o < R_s - C_s + R$ 而 $R_e - C_d \geqslant R_e - C_e + R$，院校则倾向与企业建立合作关系，而企业的合作积极性并不高甚至不愿与院校合作。这种情况下校企合作关系的达成主要依靠院校来推动，为建立合作关系，院校会尽可能向企业展示出合作共同收益的可观性，其中可能包含企业所未能预测到的一部分收益。若在院校的努力争取下，企业愿意尝试合作，那么此种校企合作生态系统则属于院校推动而得以构建的。不过院校推动型校企合作生态系统可能需要院校承担更多的成本与更大的风险，合作后其净收益一般会比预期的净

收益要少,而企业则成为合作关系的决定者,合作后其净收益往往会比预期的净收益要多。院校推动型校企合作生态系统能够构建的主要原因在于院校需要企业的协助来完成人才培养计划,并推动科研成果的有效转化,以此提升自身社会影响力,而企业具有广泛招揽应用型人才的渠道,且拥有研发创造的独立能力。此种情况在现实状况中较为常见。

(四)均衡合作型

当院校与企业均预测合作后各自所获得的净收益大于合作前的净收益时,即 $R_e - C_d < R_e - C_e + R$ 且 $R_s - C_o < R_s - C_s + R$,双方都愿意采取合作决策,使得校企合作生态系统在两者的共同推动下高效构建。这种情况说明院校与企业均认为合作后自身所获得的收益较大,并且可能由于资源共享、规模经济等原因使得合作总成本低于两者预测相加总成本,由此实现合作共同净收益更大化。均衡合作型校企合作生态系统顺利构建的原因主要在于院校与企业所涉足的领域存在较强的相关性,且双方拥有明显的双向供求关系。

四 高职校企合作生态系统的构成

类似于自然生态系统,高职校企合作生态系统也可视为由一定的外界环境与群落构成,其中的构成要素主要划分为外部环境、调节机制以及参与主体三大部分。

(一)外部环境

在自然生态系统中,生物的生存与发展必然受到其所处的外部环境(空气、水分、温度、无机盐等)因素的制约。而高职校企合作生态系统的良性运行,也离不开一定外部环境的支持。影响高职校企合作的外部环境因素一般有政治制度、文化科技、地域交通、经济水平、产业发展和法律法规等,这些因素直接或间接地影响着高职校企合作生态系统的结构或功能，在为校企合作提供发展保证和动力的同时，也会在一定程度上约束和规范校企合作的发展。

（二）调节机制

高职校企合作实质上是高职院校与企业（行业）之间进行的一种商业行为（如资金、资源、场所交换等），一方面由于各利益相关方的社会责任与价值取向不同，另一方面由于校企合作处于一定的时空环境之内，这就需要合作各方根据内外部环境的变化进行应变与调节，通过自调节、自适应达到参与主体与环境之间的动态平衡。因此，高职校企合作生态系统的顺畅运行需要构建一定的内外部调节机制来保障，如合作战略、合作模式、合作机制等。

校企合作战略需要高职院校与企业站在长期共赢的角度考虑问题，需要建立在共同利益的基础之上。战略是一种长远的规划，不可仅局限于眼前所得，不可只重视快速收益，因此规划战略、制定战略、实现战略目标需要较长的时间。校企合作模式主要可划分为四种类型，即学校引进企业模式，劳动教学相结合、工学交替模式，校企互动模式，"订单式"合作模式，四种模式既有共同之处也有各自强调的重点。校企合作机制指的是校企合作生态系统内各要素间相互作用的关系及其功能，从总体功能上可以划分为动力机制和运行机制，动力机制是调动校企双方积极性的动机，是形成运行机制的基础；运行机制表现为通过具体运作方式来实现校企合作目标。若从合作环节角度进行划分，合作机制则根据合作进程，构建出目标机制、决策机制、执行机制、评价机制以及调节机制，其中执行机制是校企合作运行机制的核心环节。若从作用范围角度进行划分，合作机制则被分为内部机制与外部机制，内部机制主要针对院校与企业两大主体展开，是校企合作进行的先决条件和运行基础，而外部机制则涉及与其他参与者的联系，两者之间形成相互促进、相互补充的互动关系。[①]

---

① 崔发周. 高职教育校企合作机制的分类与构建［J］. 职教论坛，2016（7）.

（三）参与主体

从生态视角来看，作为主要利益相关方的学校、企业（行业）、政府、学生（家长），是构成校企合作生态系统的直接参与主体。第一，学校。高职院校是技术技能型人才的主要培养者，培养企业、社会需要的人才是高职院校的基本任务与要求，也是其生存与发展的关键。第二，企业（行业）。企业是高职人才输出的主要接收者，高职人才培养质量、与企业需求的匹配度对企业经济发展影响巨大。行业组织集中代表了本行业内企业的共同利益，对校企合作起着指导与协调的作用。因此，学校与企业（行业）是系统的最主要参与主体。第三，政府。各级政府、教育部门一方面作为高职教育的举办主体直接指导校企合作，另一方面作为职业教育宏观管理者通过公共政策的引导与公共财政的支持，引导并激励校企合作的发展。第四，学生（家长）。学生及其家长是校企合作的重要参与者、支持者，学生的知识和技能素养是校企合作的基础，学生（家长）对校企合作教育实施的满意度与认可度是校企合作是否成功的关键衡量指标。

五、高职校企合作生态系统的框架结构及特征

（一）高职校企合作生态系统的框架结构

高职校企合作生态系统的协调发展必然是多种因素综合作用的结果，其中既包括外部环境因素，也包括内部调节机制因素，因此，需要从整体框架上分析校企合作生态系统各影响因素间的层次结构与作用关系，以便更好地把握校企合作可持续发展的内在机理。

从结构上来看，高职校企合作生态系统可划分影响层、应用层、效益层三个层次，呈逐步递进关系（见图4-4）。影响层主要由促进与制约校企合作发展的政策、经济、文化等外部环境因素构成。应用层主要包括三个方面：一是参与

主体，包括学校、企业（行业）、政府、学生（家长）等主要利益相关方；二是协调各参与主体利益的合作战略、合作机制、合作载体、合作模式等调节机制；三是校企合作成果及转化。效益层主要是指高职校企合作的最终绩效，具体包括两个方面：一是高职教育人才培养、就业、社会服务能力方面的贡献；二是校企合作对企业发展、区域经济发展的总体贡献。影响层与应用层相互作用、相互影响，共同推动着效益层的发展。

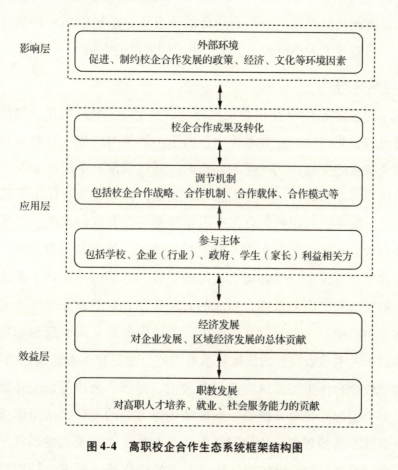

图 4-4　高职校企合作生态系统框架结构图

（二）高职校企合作生态系统框架结构的特征

1. 复杂多样性

高职校企合作生态系统一方面具有自然生态特性，另一方面，其作为人工生态系统又具有一定的"人"的烙印。在校企合作生态系统中，系统的组成成分多样，物质循环和能量流动复杂。第一，高职校企合作生态系统由众多高职院校与企业组成，一个高职院校可与多个企业合作，一个企业也可与多个高职院校合作，高职院校与高职院校之间有合作也有竞争，企业与企业之间有合作也有竞争。第二，高职校企合作生态系统涉及高职院校、企业（行业）、政府、学生（家长）多方利益，涉及合作战略、合作机制、政策支持、资金补助等多个影响因素，其状态变量可能成千上万，其中任何一个变量出现问题就有可能影响整个系统的运转。第三，系统内各参与主体之间及与环境之间相互依赖、相互影响，彼此之间组成了一环套一环的子系统，系统中某一环节或内部因素发生变化，将对各大大小小的子系统产生不同程度的影响。

2. 耗散结构性

耗散结构理论于 1969 年由普里高津（Ilya Prigogine）提出，他认为在一个远离平衡态的、非线性的开放系统中，由于不断地与外界交换物质和能量，系统内部某个参量的变化达到一定的阈值时，通过涨落，系统可能发生非平衡突变，从而达到有序状态。与自然生态系统类似，高职校企合作生态系统也具有耗散结构性。第一，高职校企合作生态系统是一个开放的系统，系统内部各主体之间及与所处环境之间存在着不断进行的物质、能量和信息交换。第二，高职校企合作生态系统是一个远离平衡态的系统，它是由一系列子系统或构成要素按一定的层次和比例关系耦合而成的有机整体，且随着外部环境的变化均处于动态演变中。第三，高职校企合作生态系统内各要素间交流和相互作用不能用简单的因果关系或者线性的依赖关系来描述，而是存在着非线性的复杂关系。第四，高职校企合作生态系统内部以及政治、经济、法律等系统外部环境的随机变化，都会引起系统要素配置、系统结构等方面的变化，从而形成高职校企合作水平有涨有落的现象。从我国高职校企合作生态系统的发展状况来看，近年来随着我国经济结构升级转型、社会需求的变化及《国家中长期教育改革和发展规划纲要（2010—2020 年）》等一系列政策法规与促进措施的出台，我国高职校企合作水平发生了非线性突变，合作层次、合作深度、合作效益等较以前均有了很大提升。

3. 动态适应性

动态适应性原理指出现代社会是动态的，物质在动，信息在动，人力资源等也在不停流动。高职校企合作生态系统具有一定的生命特征，其参与主体为适应环境的变化、维持系统的动态平衡，而具有一定的自适应和自平衡能力。一方面，只有适应外部环境与系统规则的学校、企业才能继续留在校企合作生态系统中并不断强化自身的竞争优势，同时又有新的学校、企业不断进入该生态系统中，周而复始；另一方面，面对有限的资源，作为复杂有机体的校企合作生态系统不是完全被动地受制于外部环境的影响，它会根据环境变化及时完善内部结构与调节机制，动态调整和修正自己的目标，主动适应环境变化。

4. 协同进化性

协同进化指的是两个相互作用的主体在发展过程中进行相互适应的共同进化，既体现在不同生命体之间，也体现在生命体与所处环境之间。高职校企合作生态系统是一个竞争与合作并存的系统，学校与学校之间、企业与企业之间既有合作也有竞争，校企之间既有利益共同点也有冲突，竞争与冲突驱动着合作各方通过调节机制的创新不断协调矛盾、互通有无、适应外部环境变化，直到该生态系统达到平衡，从而实现共同进化。同时，高职校企合作生态系统也是一个共生的系统，在这个系统中以合作型协同进化为主导，其核心是合作与共生，只有重视校企合作并深度参与校企合作的企业和学校才能在未来竞争中获取战略优势，才能真正获得内涵发展。

5. 特定时空性

高职校企合作生态系统的运行，既体现了时间序列上的传承与演化，也体现了空间序列上的关联与协调。它一方面是校企双方合作战略、合作机制、合作载体、合作模式从简单到复杂、从低级到高级的时空有序演化积淀，另一方面也是与其所处的外部法律环境、产业环境、人文环境、地域环境等环境因素相互融合、相互影响、相互促进的结果。因此，在特定时空纬度的限定下，高职校企合作生态系统呈现出非均衡、差异化的发展状态。我国东部沿海地区由于开放水平较高，第二、第三产业发展较早较快，因此对高端技能人才的需求量较大，因此东部沿海地区校企合作相比于中部和西部地区具有较强的市场生命力。

六 高职校企合作生态系统的功能

系统所处的生态环境会影响该系统的结构，而系统的结构决定了该系统的功能。校企合作生态系统在有着类似于自然生态系统结构的基础上，又具有其自身独有的特点，各要素在长期动态的发展过程中形成了具有一定功能的有机结构，其主要功能可从以下几个方面得以体现。

（一）实现各主体资源共享

在高职校企合作生态系统中，高职院校与企业是最基础、最核心的构成主体，所有关系的组成也是围绕这两者得以展开的，该生态系统的构造有利于各主体实现优势互补与资源共享。院校是培养理论性人才的主要场所，不仅有利于丰富专业知识，也有助于提升品行素养；同时，院校需要借助企业的技术、设备、平台等优势来加强对学生的实践操作性训练，从而达到学以致用的最佳状态。企业是培养技能型人才的重要场所，不仅为学生提供了实践机会，也为自身和社会创造了经济效益；同时，企业需要依靠院校的专业、科研、人才等优势来提升自身综合竞争力，从而实现更长远发展。另外，政府作为推动高职校企合作的政策引导者以及统筹协调者，为院校、企业提供资金与政策支持，为校企合作的开展奠定良好基础。由此可见，校企合作各参与主体均拥有自身的比较优势资源，高职校企合作生态系统则为优势互补、资源共享创造了环境条件。

（二）有效降低信息不对称

社会分工的专业化与细致化造成了校企合作生态系统的复杂化，只有系统内各参与主体对信息资源进行更加全面、及时、准确的判断和处理，才能使大量复杂的信息被高效利用，从而降低信息不对称问题，而这些信息的传递离不开价值链和价值网。价值链和价值网构成了高职校企合作生态系统的信息传递系统，在该系统中，各参与方不断关注影响自身发展的重要信息，并分别通过价值转化对其中的关键信息进行升级。院校与企业分别通过不断获取校企合作生态系统中的信息，加速系统信息传递，从而增强自身的社会影响力或市场竞争力，同时，也为合理分配和调节院校与企业之间的信息创造了根本条件。

（三）营造理论加实践氛围

"交流合作、学习研讨、创新实践"的氛围是院校教学育人质量的重要保障，该氛围的营造是一项系统工程、责任工程和全员工程。院校提供教育的对象是人，并不能将教育视作制作或复制产品的过程，不可以只注重单向、片面地向学生灌输理论知识，还应借助具体实训操作，将理论与实践联系起来。企业可以为学生提供提升专业技能的良好环境，院校通过与企业建立长期有效的合作联系，不仅可以有效提升在校生的综合能力，而且能够全面了解市场的实际需求，进而及时调整专业设置与培养目标。高职校企合作生态系统将院校与企业紧密地联系起来，加上系统内部政府所发挥的激励和引导效用，共同为营造理论加实践氛围创造了基础条件。

（四）降低创新成本与风险

如今全球性的科学技术竞争在不断加剧，企业所面临的技术创新局面日益复杂化，单纯依靠企业自身能力进行技术改进升级可能会遇到一些难以避免的问题，例如成本大幅增加、技术创新速度慢、技术转化效率低下等。而校企合作生态系统可以将需要技术产品推广的企业与科研更为专业化的院校建立直接联系，从而解决企业面临的创新成本与风险问题。同时在争分夺秒的竞争压力下，创新时间的长短往往影响企业的发展周期，校企合作可以缩短信息传递时间且提高信息对称程度，从而节省科研成果转化为技术创新的时间，为合作企业的发展创造时间优势。此外，校企合作还有助于优化资源组合，从而提升创新效率，而各参与主体也可借助合作系统来分散自身的创新风险，因此校企合作生态系统也为鼓励技术创新提供了一定的支持。值得一提的是，校企合作对降低创新成本和分散风险的作用与其规模和内容相关，一般情况下，项目规模越大，内容越复杂，创新成本越高，面临风险越大，校企合作往往越能体现出其降低成本与分散风险的价值。①

七 高职校企合作生态系统的影响因素

高职校企合作生态系统的复杂多样、耗散结构等特性，导致其在特定外部环境作用下会出现不和谐的失衡现象。和谐的校企合作生态系统既是系统内部各影响因素的协调统一，也是系统内部变量与外部环境的有机耦合。高职校企合作生态系统的协调发展必然是多种因素综合影响的结果，其中既包括外部环境因素，也包括内部调节机制因素。在当前我国经济结构升级转型时期，校企合作的参与主体和外部环境均处于动态变革之中，这导致校企合作生态系统失衡的不确定因素大大增加，其中主要包括以下几个方面。

（一）校企利益诉求与博弈

高职校企合作是高职院校与企业（行业）之间的人才培养、师资、实践场所等资源的交换平台。从本质上来看，学校作为以培养人才为目的的公益性组织，企业作为以盈利为目的的经济性组织，两大主体在合作过程中，企业的逐利性、短期性等盈利特征与高职教育的公益性、长远性等人才培养特性容易发生明显的利益冲突，往往导致合作双方在教育目标、教学内容、教学方式上发生立场不一致、认识不一致、行为倾向不一致的现象。高职校企合作过程实质上是校企双方利益动态博弈的过程，作为"理性行为人"的校企双方，由于合作过程中，存在利益的天然冲突，很可能发生博弈论中的"囚徒困境"，从而导致系统失衡、难以维系。

另外，院校与企业之间也无法避免信息不对称以及资源不均衡的困境。在

---

① 刘冰峰，王培根，胡春华. 校企合作创新模式的借鉴及实施策略［J］. 商业时代，2008.

合作双方没有进行有效沟通或难以建立信任关系的前提下,其中一方所做出的选择只能根据对另一方行为的假设以及对自身收益的把握进行,这就导致主体双方同时选择合作的概率减小。而校企双方发生利益冲突的根本原因往往在于两者之间的资源不均衡,由于企业拥有获取市场信息的优势以及提供实践环境的主动权,却没有承担职业教育的义务和责任,相反院校不仅没有相应的优势,还要履行教育的义务,这就影响了校企合作的顺利进行。因此,在高职校企合作生态系统中作为主要参与主体的高职学校和企业之间如何均衡双方利益,如何实施合作利益制度化,如何使信息对称程度最大化,如何提升资源共享性,是保证系统协调运行的核心问题。

(二)校企合作战略与机制

高职校企合作生态系统是由多个相互影响、相互促进的子系统构成的,这些子系统或以政府为主导,或以学校为主导,或以企业(行业)为主导,有紧密型合作,也有松散型合作。在各子系统的运行过程中,由于主体观念和利益差别形成了一系列内在的矛盾与冲突,如在高职课程设置中不能单纯满足企业顶岗实习的需求,还要顾及学生的基本知识的学习、基本能力和就业能力的培养,以实现学生的可持续发展;企业(行业)兼职教师是高职师资团队的一个重要组成部分,如何才能有效解决兼职教师校内兼课与企业工作之间的时间和精力冲突;等等。这些矛盾与冲突的解决,需要多个行之有效的合作战略与机制来保障。

发达国家职业教育的成功经验告诉我们,完善的合作战略与运行机制是实现校企合作顺利进行的有力保障,例如以企业为主导的德国"双元制"模式、以学校为主导的美国CBE(Competency Based Education)模式,均将校企合作教育模式上升为国家、企业、学校发展战略,并通过一定的利益激励与约束机制来保障校企合作的有效实施。基于演化博弈的校企合作是一个谈判协商、双方选择、采取行动、分享收益的过程[①],构建校企合作各方利益最大化战略需要从

---

① 王秦,李慧凤,赵玮. 基于合作博弈的校企合作长效机制实现路径[J]. 北京联合大学学报,2016,30(1).

利益分配、动力、选择、沟通、激励与约束、反馈、效果评价等多个维度进行长效合作机制的设计，关键在于找到校企合作中参与者的共同利益点，以此为准进行优势互补、互利共赢。在高职校企合作生态系统中，院校可以借助企业所能提供的实训实验基地以及较为充足的市场信息，完善自身教学计划的设置，并培养更广泛的高技能人才，以此提升其社会影响力；企业通过院校所能提供的科研成果以及人才保障，提升自身技术创新能力，并吸纳更多创新型人才，以此增强其市场竞争力。① 高职校企合作生态系统通过明确并扩大合作主体在非合作情况下所无法获得的利益，追求整体利益的帕累托改进，以此来进行合作战略的选择与合作机制的设计。

（三）校企合作成果与转化

澳大利亚新南威尔士大学副校长 Ian Jacobs 曾表示"将创新科研成果进行商业转化是提高企业收入、带动就业的主要驱动力，也是知识密集型经济体建设的关键所在"。但是这个过程并不容易，不仅需要以基础性研究作为根基，而且往往要经过多次试验才能达到预期效果。同时，也不能忽视企业在科研成果商业转化方面的作用，校企合作则是实现科研过程向科研成果转化的有效途径。校企合作成果是校企合作的具体产物，是各利益主体参与合作的根本利益所在，也是维系校企合作生态系统协调发展的最重要元素，其内容涉及产学研多个方面，包括人才培养（培训）成果、师资培养成果、科技研发成果、实践基地建设成果等。校企合作成果转化是指将校企合作成果转变为实际经济、社会效益的行为，通常以转化速度与转化率来衡量转化效果，是一项复杂的系统工程。② 提高校企合作成果转化率对推动我国高职校企合作生态系统可持续发展起着重要的影响作用。

从国内情况来看，院校科研成果转化率低下一直以来为社会所诟病，高校每年的研究成果不计其数，但无数篇论文、大量的授权专利却分别在研究生获

---

① 王秦，李慧凤. 基于合作博弈的校企合作长效机制构建 [J]. 中国职业技术教育，2014 (36).
② 孙建中，黄玉杰. 高校科技成果转化系统的因素分析与对策研究 [J]. 河北经贸大学学报，2002，23 (2).

得学位、教师获得职称晋升之后，就基本完成了使命。由于缺乏系统机制与经费支撑，加上实用化和产业化的过程漫长，使得许多科研成果没有走到真正的应用阶段。校企合作虽然可以有效促进科研成果向应用技术转化，但目前我国校企合作成果转化率普遍较低，高校科技成果转化率仅为20%。从国际经验来看，美国政府采取了政府立法（如《拜杜法案》）、设立专门机构（技术成果转化办公室）、树立服务社会的办学理念、强化校企合作（经费资助、高校研发人员进企业）、设立风险投资等一系列措施，有力地促进了校企合作成果的转化，高校科技成果转化率达50%~70%。院校是教育科研的主体，企业是技术创新的主体，科研成果转化为相应的技术应用离不开院校与企业之间的合作，反过来，校企合作科研成果转化也成为院校与企业能否进行协调可持续合作的重要影响因素。

（四）高职办学体制与创新

目前我国大部分的高职院校是公立性质，办学体制存在较为明显的局限性，主要表现为以下两个方面。一是高职院校的自主经营管理权有限。深层次的校企合作必然会涉及资金、设备、信息等交换问题，而目前我国高职院校自主权不足，采取相关行动需要向上级部门进行逐层申请，这会严重增加时间、精力耗费，从而影响合作效率。二是政府对高职院校的管理过细。从高职院校的人、财、物投入到教学质量评估，甚至人才培养模式定位，政府也会在各种场合按照评估或政府文件给予指导意见，导致各高职校企合作机制、模式、方式难以特色化发展。因此，现阶段必须进一步加强高职院校办学体制机制创新，从而为高职院校校企合作提供更加广阔的发展空间。

高职办学体制的改革创新需要从以下两个方面得以体现。一是在高职院校所有制结构上，职业教育是市场化程度最高的教育类型，单一主体办学不利于激发企业、行业等利益相关方主动参与校企合作的积极性，而办学主体多元化则有利于加紧合作者间的联系，提高各自参与校企合作的积极性；二是在高职院校自身的管理体制上，建立学校董事会是适应多元办学主体管理模式的必然要求，建设专业指导委员会是提供教学指导和专业调整改造的有效途径，引进企业专业人员加入"校务委员会"是提升办学质量的重要举措。

（五）政府角色与职能定位

发达国家的经验表明，政府行为对校企合作促进作用显著，成功的校企合作必然离不开政府强有力的推动。在校企合作过程中，政府所具备的行政权力始终是职业教育发展的强大助力器，职业教育所需建立的校企长效合作机制离不开政府所发挥的统筹协调作用。而要使校企合作生态系统协调、顺畅运行，必须首先理顺政府在职业教育校企合作系统中"扮演什么角色""起到什么作用""如何发挥作用"。国家通过一系列相关政策文件明确了政府在高职校企合作促进中的角色与职能定位，例如《国务院关于大力发展职业教育的决定》指出政府应为职业教育的整体规划、资源配置、政策保障等方面进行统筹管理，应为职业教育提供强有力支持的发展环境。[①] 同时，政府在其中扮演着多重角色，它既是校企合作发展的规划者、统筹管理者、公共服务提供者，也是校企合作生态系统的重要参与者、教育环境的重要影响者。

近年来，政府也出台多项政策强调发展职业教育的重要性，加强校企合作生态系统的建设离不开政府的推动。不过值得注意的是，政府也需要对其宏观管理体制进行改革创新。具体来看：①政府要改变普遍存在的管办不分、政校不分、管理死板等弊端，而变为通过立法、拨款、规划、分配、指导等方式进行宏观调控；②相关政策应注重创新经费投入机制，确定合理的财政拨款标准，建立多渠道的经费筹集机制，形成具有主动吸引资本进入的院校办学机制；③政府要进一步落实院校的办学自主权，为院校在办学规模、招生方式、经费投入、专业设置、日常管理等方面提供更大程度的决策权。[②]

---

① 黄耀五，李勋华. 基于政府主导下的高职教育政校企联动机制探析［J］. 职教论坛，2012（4）.

② 王双金，徐丽萍. 高职院校办学体制机制的改革与创新［J］. 黑龙江教育（高教研究与评估），2013（4）.

第五章
长三角地区高职校企合作生态系统现状调研分析

校企合作生态系统运行的顺畅程度对提高高职院校办学水平、提升企业核心竞争力、促进区域经济增长的影响巨大。研究校企合作生态系统必须明晰以下几个基本问题：我国高职校企合作生态系统究竟有没有形成？在区位优势明显的长三角地区是否存在着校企合作生态系统？如果存在，有哪些因素促进或阻碍着校企合作生态系统的发展？政府该如何制定有效的政策或措施推进高职院校、企业、社会的和谐发展？

本章以高职院校校企合作状况为调研内容，通过文献研究、问卷调查与个案研究（重点访谈）三种方式，重点对长三角地区的苏州、宁波、南京、杭州四个城市分别进行了调查研究，分析了长三角地区高职校企合作生态系统运行中的成效与存在问题，并提出了可持续发展的对策建议，为进一步促进高职校企合作和谐发展提供借鉴参考。

一 调研维度确定与调研实施

（一）调研维度确定

高职校企合作生态系统的协调发展必然是多种因素综合影响的结果，其中既包括外部环境因素，也包括内部调节机制因素，其结果必然是促进了学校、企业、社会的共同发展，因此，需要从整体框架上分析校企合作生态系统各影响因素间的层次结构与作用关系，以便更好地把握校企合作可持续发展的内在机理。为更好地开展调查研究工作，本文在先前学者研究的基础上，咨询了相关专家的意见，从合作理念、合作能力、合作模式、政策保障、区域环境五个维度构建了高职校企合作生态系统运行效果调研维度框架①②，如图5-1所示。

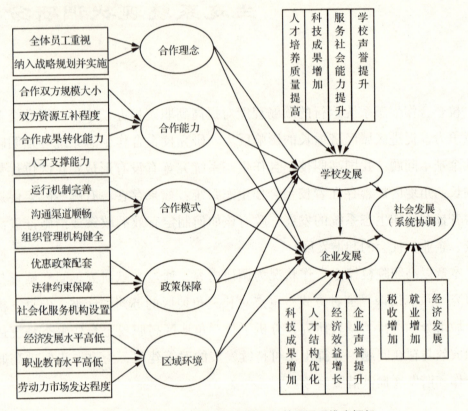

图 5-1 高职校企合作生态系统运行效果调研维度框架

1. 合作理念

合作理念是指校企双方能充分认识校企合作对校企双方发展的重要意义，双方在思想上高度重视，能主动地、深层次地参与合作。成熟的合作理念包括两个方面：一是校企双方全体员工思想上均能重视校企合作，二是校企双方将校企合作纳入双方的战略发展规划并充分实施。有着共同的合作理念是校企之间开展有效合作的前提，校企双方只有在理念上达成一致，校企合作才能得到

---

① 洪贞银. 高等职业教育校企深度合作的若干问题及其思考［J］. 高等教育研究, 2010, 31（3）.
② 刘建湘. 高职院校校企合作机制建设的思考与实践［J］. 中国大学教学, 2011,（2）.

更好的保障。

2. 合作能力

在校企合作中，高职院校是技术与人才的供给方，企业是技术与人才的需求方，从这个角度来讲，校企合作能力具体包括合作双方规模大小、双方资源互补程度、合作成果转化能力、人才支撑能力四个方面。合作能力是校企合作得以持续发展的基础，缺乏合作能力，校企合作的目标就难以实现，也就不会形成校企合作的成果，校企双方就无法实现共赢的局面。

3. 合作模式

本书的第二章介绍了德国的"双元制"、日本的"官产学"合作、美国的"合作教育"以及澳大利亚的"TAFE"，这些发达国家职业教育的成功经验告诉我们，完善的校企合作模式是实现合作共赢的有力保障。当前我国高职院校在职业教育过程中也形成了一些具有中国特色的校企合作模式，包括订单培养模式、现代学徒制模式、校企共建产教园模式、校企共建职教集团、校企共建实训基地等模式。有效的合作模式包括完善的运行机制、顺畅的沟通渠道、健全的组织管理机构三个方面。

4. 政策保障

校企合作中必然存在着一定的技术风险与市场风险，这些风险往往增加了校企合作成本，另外，校企合作中还存在着知识产权归属、收益分配等一系列问题[①]，致使校企合作难以深入、持续发展。然而，许多地方政府缺乏明确的校企合作促进办法来帮助学校和企业控制或减少风险。因此，校企合作的顺畅进行必须需要强有力的政策保障措施，具体包括优惠政策配套、法律约束保障、社会化服务机构设置三个方面。

5. 区域环境

校企合作生态系统的良性运行，还离不开一定区域环境的支持。一般而言，经济发达、产业发展水平较高地区的校企合作程度也更为紧密。影响校企合作的区域环境因素一般有政治制度、文化科技、地域交通、经济水平、产业发展和法律法规等，这些因素直接或间接地影响着校企合作生态系统的结构或功能，

---

① 程培堃. 企业参与校企合作分析：交易成本范式 [J]. 职业技术教育，2014 (34).

在为校企合作提供发展保障和动力的同时，也会在一定程度上制约校企合作的发展。

（二）调研实施

本书以高职院校校企合作状况为调研内容，通过文献研究、问卷调查与个案研究（重点访谈）三种方式，对长三角地区的苏州、宁波、南京、杭州四个城市分别进行了调查研究。调研对象包括大中型企业董事长、人力资源总监等中高级管理者和高职院校教学副校长、教务处长、二级院（系）负责人等。调研时间从2016年10月至2018年5月，历时超过一年半。

文献研究主要基于互联网收集并分析我国长三角地区校企合作主要模式、机制、平台、效果，包括报纸杂志、知名公司发布的数据和调研报告等。问卷调查通过设计并发放《长三角地区高职院校校企合作发展状况及影响要素调查问卷》200份，共回收有效问卷186份。个案研究（重点访谈）主要是电话及现场走访12家高职院校（国家示范校、国家骨干校、省级示范校）、行业、企事业单位以及政府相关部门。12家高职院校为：苏州经贸职业技术学院、苏州工业职业技术学院、苏州职业大学、无锡商业职业技术学院、常州信息职业技术学院、江苏财经职业技术学院、徐州工业职业技术学院、浙江金融职业学院、浙江纺织服装职业学院、浙江商业职业技术学院、浙江工商职业技术学院、义乌工商职业技术学院。

表 5-1 调研问卷设计框架

结构变量	观测变量	对应问项
合作理念	领导层高度重视	Q1：贵单位是否认识到校企合作的重要性，并积极参与校企合作
	纳入战略规划并实施	Q2：贵单位是否将校企合作提升到单位发展战略层面并积极实施
合作能力	合作双方规模大小	Q3：您认为校企合作双方规模是否影响校企合作绩效
	双方资源互补程度	Q4：您认为校企合作双方资源互补程度是否影响校企合作绩效
	合作成果转化能力	Q5：您认为校企合作双方成果转化能力是否影响校企合作绩效
	人才支撑能力	Q6：您认为校企合作人才支撑能力是否影响校企合作绩效

续表

结构变量	观测变量	对应问项
合作模式	运行机制完善	Q7：贵单位现有的校企合作运行机制是否成熟、可行、易操作
	沟通渠道顺畅	Q8：在校企合作过程中校企沟通是否顺畅
	组织管理机构健全	Q9：在校企合作过程中是否有健全的组织管理机构保障实施
政策保障	优惠政策配套	Q10：贵单位在推进校企合作过程中是否享受过政府相关优惠待遇
	法律约束保障	Q11：贵单位在校企合作中的权益是否有相关法律保障
	社会化服务机构设置	Q12：贵单位在校企合作中是否受到社会化服务机构的服务
区域环境	经济发展水平高低	Q13：您认为区域经济发展水平是否影响校企合作水平
	职业教育水平高低	Q14：您认为区域职业教育水平是否影响校企合作水平
	劳动力市场发达程度	Q15：您认为区域劳动力市场发展水平是否影响校企合作水平
学校发展	人才培养质量提高	Q16：总体说来，校企合作是否推动贵校人才培养质量的提高
	科技成果增加	Q17：总体说来，校企合作是否推动贵校科技成果增加，如专利等
	服务社会能力提升	Q18：总体说来，校企合作是否推动贵校服务社会能力提升
	学校声誉提升	Q19：总体说来，校企合作是否推动贵校声誉的提高
企业发展	科技成果增加	Q20：总体说来，校企合作是否推动贵公司科技成果增加
	人才结构优化	Q21：总体说来，校企合作是否推动贵公司人才结构优化
	经济效益增长	Q22：总体说来，校企合作是否推动贵公司经济效益增长
	企业声誉提升	Q23：总体说来，校企合作是否推动贵公司声誉提升
社会发展（系统协调）	税收增加	Q24：总体说来，校企合作是否推动区域税收增加
	就业增加	Q25：总体说来，校企合作是否推动区域就业增加
	经济发展	Q26：总体说来，校企合作是否推动区域经济发展

二 长三角地区高职校企合作生态系统运行现状分析

（一）企业参与合作意愿较高，院校合作能力有待提升

企业参与校企合作的动力强、意愿高是校企合作得以实现的前提和基础，调研结果显示，80%的企业受访者认为校企合作对企业重要，其中46.67%的企业受访者认为校企合作非常重要，33.33%的企业受访者认为校企合作比较重要。在此基础上，64.67%的企业受访者都愿意与学校开展深层次校企合作，这些企业在开展订单培养模式、参与人才培养方案制订与实施、为学校教师和学生提供实习实践机会、联合设立产学研基地以及合作开展技术研发等方面都有较为强烈的合作意愿。通过深度访谈分析可知，长三角地区整体经济发展势头强劲，市场活力充足，企业发展更为多元化，并且该地区对高素质技术技能型人才需求量大，明显的区位优势使得企业参与校企合作的意愿较高。

然而，调研结果显示，高职院校的合作能力已成为校企合作持续发展的重要制约因素（见图5-2）。33.7%的企业认为学生课程体系和教学与企业实际需求有一定的差距，45.5%的企业担心实习学生技能低从而影响企业生产经营，

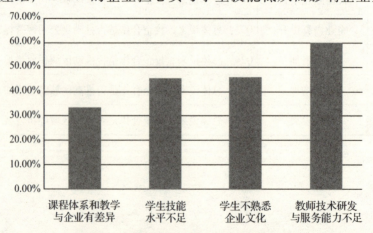

图 5-2 高职院校校企合作能力存在的不足

46%的企业认为学生不熟悉企业文化而难于管理，60%的受访企业认为高职教师的技术研发与服务等能力不足导致校企合作绩效偏低。通过深度访谈得知，导致高职院校合作能力达不到企业需求的主要原因有高职院校产学研平台研发能力不足、很多专业教师未有五年以上实践工作经验、学校人才培养过程与企业生产经营过程有一定的脱节等。

（二）校企合作模式多样，运行机制有待进一步优化

校企合作模式的成熟度是推动高职校企合作生态系统稳步发展的一项重要内容。调查结果显示，目前高职校企合作模式多样（见图5-3），13.33%的受访企业采用了现代学徒培养模式，16%的受访企业采用了共建二级学院模式，20.39%的受访企业采用了与学校共建产教园区模式，33.33%的受访企业采用了订单培养模式，46%的企业采用了共建职教集团模式，60%的企业采用了校企共建实习实训基地模式。另外，深度访谈结果显示，近年来在国家大力支持与推动下，各高职院校积极地进行校企合作模式的创新与探索，形成了一定的特色，在人才培养质量、办学水平、服务社会能力提升等方面取得了明显的成效，其中比较典型的有苏州经贸职业技术学院建设了4万多平方米的校内产教园，引进行业协会与企业20多家，校企共育电子商务、物流管理、艺术传媒类人才；江苏经贸职业技术学院与九如城养老集团合作共建九如学院，合作培养养老服务人才；浙江建设职业技术学院牵头相关职业院校、多家知名装饰幕墙企

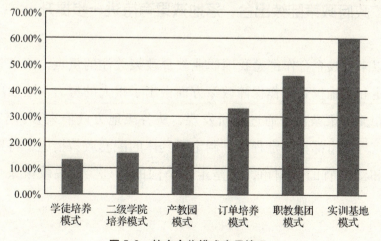

图5-3　校企合作模式应用情况

业组建浙江省建设职业教育集团，整合行业、企业进行多元化办学，推进现代学徒制人才培养；等等。

然而，调查结果显示，校企合作运行机制不顺畅问题在校企合作模式推进中显得尤为突出。在调查过程中（见图5-4），有55%企业受访者认为在政策实施细则方面缺乏明确规定，62%的企业受访者认为沟通渠道不通畅，71.2%的企业受访者认为缺乏校方财务、后勤等部门有力支持，82.6%的企业受访者认为当前校企合作的运行机制因比较僵化而需要创新。通过深度访谈得知，目前大多数高职院校属于公办院校，僵化的运行机制一定程度上不利于校企合作的开展，需要进一步优化、改革和创新。

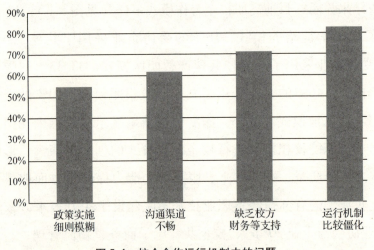

图5-4 校企合作运行机制中的问题

（三）政府政策陆续出台，落地效果有待进一步提升

一直以来，校企合作都是我国职业教育政策关注的重点，国家和各级地方政府在制定和实施校企合作保障政策方面做出了很大的努力，陆续出台促进校企合作的相关政策条例。通过调研发现，从各级地方政府来看，宁波、苏州、杭州、南京等城市都在一定程度上制定了具体的配套政策措施，特别是浙江省的宁波市和江苏省的苏州市，更是走在全国的前列。相关政策条例如表5-2所示。

表 5-2 各级政府促进校企合作的专门政策一览表

时间	印发单位	政策名称	主要内容
2015年	教育部	《关于深化职业教育教学改革全面提高人才培养质量的若干意见》	强调要坚持产教融合、校企合作。具体要求为：推动教育教学改革与产业转型升级衔接配套，加强行业指导、评价和服务，发挥企业重要办学主体作用，推进行业企业参与人才培养全过程，实现校企协同育人。
2017年	国务院办公厅	《关于深化产教融合的若干意见》	强调要推进产教融合人才培养改革，将工匠精神培育融入基础教育。推进职业学校和企业联盟、与行业联合、同园区联结，实践性教学课时不少于总课时的50%。
2018年	教育部等六部委	《职业学校校企合作促进办法》	专门性的校企合作促进办法，通过明确职业学校校企合作的目标原则、实施主体、合作形式、促进措施和监督检查等，建立起校企合作的基本制度框架。
2011年	宁波市人民政府办公厅	《宁波市职业教育校企合作促进条例》	我国首部针对职业教育校企合作条例，它以地方立法的形式保护与促进职业院校与企业的"联姻"。
2014年	苏州市人民政府	《苏州市职业教育校企合作促进办法》	共20条，旨在加快现代职业教育体系建设，深化产教融合、校企合作，培养大批高素质劳动者和技术技能人才，增强职业教育服务经济和社会发展的能力。
2014年	杭州市人民政府办公厅	《杭州市属高校产学对接工作实施意见》	用三年时间，实施产学对接七项工程，扶持建设特需专业15个，中高职衔接示范（培育）专业10个，技能名师工作室30个，示范性职工培训中心10个，示范性实习实训基地20个，校企共建校内实训基地20个，组织100名市属高校优秀中青年教师进企业服务。
2017年	南京市科学技术委员会	《关于组织开展校企合作后补助项目申报工作的通知》	为贯彻落实南京市政府《关于印发南京市争当江苏省产业科技创新中心排头兵和建设国家创新型城市若干政策措施的通知》（宁政发〔2016〕197号）、《南京市促进科技成果转移转化行动方案》（宁政办发〔2016〕127号）等文件精神，引导支持高校主动服务企业，推动产学研成果落地转化。

政策落地、落实是校企合作生态系统形成的重要保障。调查结果显示，尽管从中央政府到地方政府都出台了一定的校企合作促进政策与措施，但政策落地效果却不太理想，64.8%的企业不知道政府对校企合作有财政补贴奖励，

89%的企业从未享受到校企合作带来的政策优惠与奖励。通过访谈得知,由于地方政府促进措施落实不到位,部分企业参与校企合作得不到相应的补贴或税收优惠,导致部分企业参与校企合作的积极性不高。

(四)区域环境优越,高职校企合作生态系统初步形成

国家统计局数据显示,2017年长三角"两省一市"GDP总量达16.7万亿元人民币,占全国经济总量的20%,是我国第一大城市群。作为国内产业发展高地,长三角城市群产业门类齐全,集群优势明显,这也吸引了大量的劳动力资源进入长三角地区。同时,长三角地区也是我国职业教育最为发达的地区之一,根据教育部网站数据,2017年全国1388所高职院校有164所位于长三角地区,其师资水平、教学科研实力、社会服务能力都居于全国前列。良好的区域环境大大促进了高职校企合作生态系统的形成。

调查结果显示,90%的受访企业认为校企合作对企业发展起到了较好的促进作用并愿意继续开展校企合作,100%的受访院校认为校企合作对学校人才培养与发展起到了较好的促进作用。通过对政府与行业协会的深度访谈,结果显示100%的受访者认为校企合作在一定程度上促进了区域经济的发展。

由此可见,长三角地区宁波、苏州、杭州、南京等城市的高职院校与企业对已开展的校企合作项目认可度很高,继续开展校企合作的意愿也很明显,政府、学校、企业和学生四方在校企合作中实现了共生、共长的多赢结局,这也标志着长三角地区校企合作生态系统已初步形成。

三 长三角地区高职教育校企合作典型生态模式

通过调研发现,随着长三角地区高职教育持续发展,近年来高职院校在校企合作办学、共同进行人才培养、共建职教集团、共建实践基地等方面进行了有益的探索,出现了一些典型的、可持续发展的高职校企合作生态模式。

（一）产教园模式：以苏州电子商务示范基地为例

1. 实践背景

近年来，在电子商务不可逆转的发展态势下，传统企业纷纷进行电子商务转型升级，社会急需大量技术技能型的电子商务人才。在此背景下，全国各地高职院校积极地进行校企合作模式的创新与探索，以此作为提升学生电子商务职业技能的重要途径。但现有的校企合作模式在具体实施过程中存在着一些不和谐现象，如合作育人过程中涉及的利益矛盾、产学过程中的师资与设备资源共享瓶颈等[1][2]，导致校企合作难以可持续发展，从而影响电子商务人才培养的效率和质量。

苏州经贸职业技术学院充分把握苏州地方经济升级转型机遇，坚持"立足区域、服务区域、融入区域"的办学宗旨，以"优势互补、合作多赢、深度融合、共生共长"为原则，不断探索校企深度合作、可持续发展模式。自2011年起苏州经贸职业技术学院与苏州市商务局、苏州市电子商务协会、苏州金枫电子商务产业园等进行"政行企校"合作，共建苏州市电子商务示范基地。该基地集人才培养、创业孵化、技术服务等功能于一体，硬件投资达5000多万元，建筑面积达1.2万平方米，成功探索了优势互补、共生共长的校企合作生态模式，其建设架构如图5-5所示。经过3年多时间的探索与实践，成功构建了以苏州市电子商务示范基地为载体的校企合作生态模式，为苏州地区培养了大量技术技能型电子商务人才。

---

[1] 吴建设.高职院校校企"双赢"合作机制的理性思考[J].黑龙江高教研究，2005（1）.
[2] 倪勇.高职院校校企深度合作的路径研究[J].中国高教研究，2011（3）.

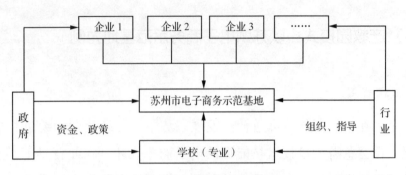

图 5-5 苏州市电子商务示范基地建设架构

2. 实践举措及成效

（1）理顺多方利益关系

针对校企合作"一头热，一头冷"的企业参与积极性不高的问题，示范基地首先完善激励机制，一方面充分利用相关政策法规的优惠措施促进企业入驻示范基地；另一方面，学校制定了详细的企业入驻物业费用减免、办公设施低价租赁、科技研发创新补助及其他人才服务专项支持等优惠政策。在组织、协调、监控、评价机制建设方面，示范基地实行管委会与理事会共同管理制度，管委会负责示范基地的日常管理与运行；理事会是示范基地的决策机构，负责示范基地经费投入、协同创新、资源共享、绩效评价等重大决策事项。

苏州电子商务示范基地的理事会成员主要由苏州市商务局、苏州市经信委、苏州市电子商务协会、苏州金枫电子商务产业园、苏州科沃斯电器有限公司、中国劲霸男装有限公司等"政行企校"代表组成。苏州商务局充分利用《苏州关于促进电子商务发展的若干政策意见》《苏州市职业教育校企合作促进办法》等政策法规的优惠措施促进企业入驻该示范基地，进一步理顺了"政行企校"等多方利益关系，尤其是企业参与校企合作的动力大大增强。目前苏州电子商务示范基地引进苏州市行业协会2家、年销售额千万元以上的电子商务企业达20多家，较好地实现了校企优势互补、相互促进、互利共赢。

（2）助力区域产业升级

行业企业在电子商务升级转型过程中急需创新技术与创新人才，高职院校作为我国高等职业教育的载体，是人才培养、知识传承和科技创新的主要阵地之一，两者的结合是校企合作的内在动力源泉，也是校企合作生态模式成功的关键。

苏州电子商务示范基地坚持"政校行企联动、产学研用立体推进"的行动方针，根据高等职业教育的发展要求，突出知识应用与基于实践的技术创新，大力推进校企协同创新，助力苏州区域产业升级转型。2013—2014年，通过示范基地合作平台，电子商务专业专任教师取得企业技术服务横向课题10多项、市厅级以上纵向课题20多项，为苏州阳澄湖大闸蟹、镇湖刺绣等传统产业电子商务转型升级提供电子商务项目策划、网络营销外包等一系列服务，成功助力苏州科沃斯电器有限公司、江苏仕德伟网络有限公司等一批企业加速成长。

（3）实施旺入淡出模式

工学交替、顶岗实习为高职校企合作提升学生职业技能的一项基本手段。"旺进淡出"工学交替、顶岗实习模式，是指学校（专业）根据电子商务企业淡、旺季交替的生产周期规律调整教学要素布局，实现人才培养教学进程与企业生产需求的高度耦合，解决产学时间不一致所带来的各种冲突。

自2012年以来，苏州经贸职业技术学院积极探索"旺进淡出"工学交替、顶岗实习模式，2013—2014年针对示范基地内企业"双十一"和"双十二"电子商务促销需求，在人才培养方案与教学进程安排中将工学交替、顶岗实习时间定于10月下旬至12月下旬（旺季），而在其他时间（淡季）则安排企业兼职教师参与学生理论学习、实训室模拟操作指导。2013年与2014年"双十一"，苏州经贸职业技术学院电子商务专业师生服务苏州科沃斯电器有限公司、中国劲霸男装有限公司，学院师生为这两家公司完成的销售收入分别为3066万元、7600万元，实现企业销售业绩与学生操作技能共同增长，正实现了校企双赢，受到了社会各界的好评。

（4）引入企业真实项目

传统的高职课程教学往往是"假题真做"，学生在模拟操作中无法获得真实体验、承担实际责任、维持必要压力[①]，因而学生难以与社会真正实现实时、无缝对接。专兼职任教师在教学实施过程中，将来自企业实际运营的真实项目引入课堂，学生以真实项目为训练内容，其能力得到有效锻炼，同时企业也收获了新鲜创意，能创造良好的经济效益。

近年来，苏州经贸职业技术学院电子商务专业专兼职教师将苏州电子商务

---

① 刘勃，等. 基于真实项目的实践教学体系探索［J］. 高等工程教育研究，2012（1）.

示范基地内苏州天地彩钢有限公司、苏州阳澄渔火有限公司等企业的真实案例引入教学中,上到企业优秀文化、经营理念,下到产品打包、物流运输等。通过引入企业真实项目,电子商务专业教学可以有效对接企业真实项目的解决方案,实现任务驱动式教学和教学做一体化,学生也紧跟企业的技术发展,及时了解到企业新技术、新工艺、新方法,较好地提升了学生职业能力与素养。

(5) 实行多方共评机制

人才培养质量的高低决定高职院校参与校企合作基本动力的大小,也是衡量校企合作生态模式成功与否的重要指标。传统的人才培养质量评价往往由政府教育部门与学校完成,其评价结果往往具有片面性与局限性。

苏州经贸职业技术学院对于人才培养充分依托苏州电子商务示范基地资源,实行多方共评机制,保障人才培养质量,其具体举措主要有:一是评价主体多元化,在教学过程控制中,改变传统学校单一主体的评价体系,吸收示范基地内企业参与教学质量评价;二是"政行企校"共建评价机构,成立了校企合作指导委员会、教学督导、项目化小组等机构;三是加强评价制度建设,制定与实施了《教师课堂教学行为规范》《工学交替实施管理办法》《顶岗实习管理办法》等一系列教学保障制度,完善了全方位、全过程的教学质量监控体系。由于多元评价机制健全合理,近年来苏州经贸职业技术学院电子商务专业毕业生每年一次就业率均为100%,对口就业率达85%以上,涌现了一大批创就业成功典型人才,人才培养质量得到较大提升。

(二)现代学徒制培养模式:以宁波职业技术学院为例

1. 实践背景

2014年8月,教育部印发了《关于开展现代学徒制试点工作的意见》,其目的在于强调通过院校教师与企业师傅进行深度合作、联合传授,对学生进行理论知识与实践操作双向同步培养,同时,该模式更为注重技能传承,强调工匠精神的培育。[①] 浙江省存在大量智能装备制造、应用化工、电子信息等行业企

---

① 张倩. 高职院校校企合作教学管理实践与思考——基于现代学徒制的启示 [J]. 机械职业教育,2016 (6).

业,需要相应人才供应提供支持。宁波职业技术学院面向区域经济发展,为了高效配合区域主导和优势产业,在办学过程中形成了"和而不同"的校风和"勤、信、实"的校训,建立政、校、企"三方联动"的关系,作为国家首批示范性高职院校,多年来不断深化专业内涵建设,创新校企合作人才培养模式,学校人才培养质量逐年提高,社会满意度高,领先于全国高职院校,并于2015年被教育部遴选为全国首批现代学徒制试点单位。

宁波职业技术学院作为我国第一批现在学徒制试点院校,开展了具有宁波特色、具备示范借鉴性的现代学徒制人才培养模式,其重点试点专业与模式类型见表5-3。

表5-3 宁波职业技术学院现代学徒制重点建设内容

试点专业	模式类型	合作企业
机电设备维修与管理机电一体化专业	基于大型企业订单培养	海天集团有限公司、吉利汽车有限公司
工业设计专业	基于数字科技园"院园融合"中小企业集聚	宁波开发数字科技园、宁波道和工业设计有限公司、宁波爱乐宝婴儿用品有限公司、宁波宝笛玩具科技有限公司、宁波舜宇模具股份有限公司、浙江舜仕汽车技术有限公司
模具设计与制造专业	基于产业园区模具企业集群	宁波勋辉电器有限公司、宁波辉旺铸模实业有限公司、宁波埃利特模具制造有限公司、宁波盛技机械有限公司、宁波金耀机械有限公司、宁波港腾塑业制造有限公司

2. 实践路径

(1)实行校企联合招生

积极推进招生与招工一体化是开展现代学徒制试点工作的基础任务,施行现代学徒制的院校应积极遵循"招生即招工、入校即入厂、校企联合培养"的思想原则开展招生工作。[①]

首先,宁波职业技术学院通过建立校企联合招生方式,进行分阶段培养人才,并联合多方机构参与评价,在此过程中分别明确了校企双主体的责任与分工。进行现代学徒制试点的专业会从应届高中生、中职生中进行招生,同时进

---

① 刘卫国. 关于现代学徒制管理制度体系的构建及实践[J]. 青岛职业技术学院学报,2017,30(5).

入学徒制试点专业班，开始接受校企联合培养。与此同时，试点专业还招收企业优秀员工进行高技能培养，在此培养下有机会获得高级职业资格证书或相应学历证书。

其次，宁波职业技术学院还与合作企业联合成立现代学徒制管理工作组，工作组成员从在校生报名应考人员中择优录取。宁波职业技术学院还根据合作企业的年度人才储备需求计划，推进现代学徒制试点专业在招生过程中面向企业需求进行供给侧改革，从招生政策及计划中给予倾斜。学院与企业人力资源部或人事部组成联合自主招生小组进行学徒制试点专业招生，并在招生时就明确学生未来的就业单位及工作岗位，实现学生完成入学注册与签订企业用工合同同步进行。

(2) 校企联合制订人才培养方案

现代学徒制的培养方案内容坚持按照专业设置与产业需求对接、课程内容与工作标准对接、教学过程与生产过程对接这三大基本原则[①]，在培养学生的过程中贯穿"双向培养"思想，采取"学生—学徒—准员工—员工"的培养方式，此方案有利于打通并扩宽技术技能型人才培养通道。

宁波职业技术学院按照合作企业的真实生产需求进行课程设计并根据真实业务流程来设计教学方式，在培养过程中，鼓励骨干企业直接参与教学，从而对学生进行教学与实训"双向培养"。首先，校企双方协同制定人才培养方案，明晰人才培养目标。宁波职业技术学院在培养人才时除了重视培养具备与专业相适应的文化素养、良好的职业道德等品行的学生外，还注重学生在创新精神、实践能力及吃苦耐劳等方面的表现。其次，校企双方共同参与制定教学标准和课程体系。教学标准以前沿的企业内训课程和真实项目为核心，以产业链各环节知识和技能点为节点，在课程体系的设定中重视体现企业岗位的态度和技能要求，授课方式采取校企分工的方式进行，并以项目引领、任务驱动的方式推动开展。同时，校企双方共同制定岗位标准。按照现代学徒制的内涵对学生进行企业岗位培训，岗位标准以国家职业标准的实际操作技能要求为主要依据，并结合学徒的年龄、认知、心理素质等条件，有针对性地进行岗位标准制定，

---

① 吴戈. 高职校企文化渗透融合的探索及实践——以长江工程职业技术学院为例[J]. 职教论坛, 2014 (26).

且开发至少两个岗位方案供学徒选择。另外，校企双方携手制订教学计划并协调实施教学过程。每名新生入学都需要经历职业生涯规划、企业家讲堂、人文讲堂、理论教学、模拟实战教学、基础技能教学、企业质量奖考核等过程。

（3）强化实践教学基地与师资队伍建设

在实施现代学徒制培养模式过程中，实践教学基地与校企双导师队伍对于人才培养至关重要。宁波职业技术学院在进行专业设置时充分考虑宁波产业变革和技术进步趋势，并争取与区域高端产业骨干企业进行合作，努力加强实践教学基地与师资队伍建设，为现代学徒制人才培养提供优质的条件保障。

在具体行动上，一方面宁波职业技术学院力争当地政府支持，与区域骨干企业进行深入交流从而争取合作机会，并与跨国先进的高端智能装备企业共同建设校企合作实训基地，在此过程中，不断加大实训基础设施的投入，从而为培养高端技术技能人才创造良好的环境条件。另一方面，宁波职业技术学院在培养双师型师资队伍方面也不曾懈怠，注重对专业教师技能水平和新技术应用能力的培养，并不断制定适合双师型教师发展的政策和措施，从而为现代学徒制指导教师提供政策倾斜。同时，宁波职业技术学院通过引进企业经验丰富的高技能人才来扩充师资队伍，以此共建"师傅"教学团队和企业研发团队。这些举措均为培养高素质高技能专业人才提供了师资保障。

（4）促进"双证书"融合

现代学徒制强调毕业证书与职业资格证书"双证书"的融合对接，从而实现学生时代与工作阶段的高效衔接，同时，在教学过程中引入职业技能鉴定标准，有助于实现课程内容更为专业化、现实化。

宁波职业技术学院为了优化新型技师培养体系，按照科技发展水平以及职业资格标准来设计课程结构，以此来帮助学历证书考试与高级工和技师资格证书考试标准形成有效对接，实现职业教育制度与技工培养制度高效衔接。宁波职业技术学院的职业资格证书除了毕业证以外，每个专业要求有所差异，例如工业设计专业的职业资格证书为制图员和模具设计师职业资格证书，机电一体化专业的职业资格证书为德国IHK机电一体化师证书和可编程控制器或维修电工等级证书。

（5）打造中高本衔接的一体化人才培养体系

《关于开展现代学徒制试点工作的意见》还强调要逐步丰富现代学徒制的培

养模式，应根据区域环境探索不同的培养形式。一方面应引导中职院校根据企业需求制定培养方案；另一方面应引导高职院校根据生源特点开展不同层次的培养形式。

为了深入贯彻国家相关政策，同时，也为了进一步打开本院校学生的成长空间，宁波职业技术学院对宁波市的先进制造业、新兴战略性产业以及现代服务业等行业展开人才需求调研，发现多数企业存在高端技术技能人才稀缺的现象。为此，宁波职业技术学院按照"中职—专科—本科"方式对部分学生进行贯通式培养，以此来满足学生的多样化选择和社会的多元化需求。一方面，宁波职业技术学院重点以阳明学院为基地，深化中高职"五年一贯制"衔接，牵头统筹制定现代学徒制与中高职一体化相结合的人才培养方案，并进行分段组织实施；另一方面，宁波职业技术学院开展四年制的"高职—本科"试点，联合制订人才培养方案，系统培养高层次技术技能人才。

3. 实践成效

通过实施现代学徒制人才培养模式，宁波职业技术学院的人才培养质量逐年提高，社会满意度不断提高，据麦可思公司发布的宁波职业技术学院2017人才培养质量年报显示，2016届毕业生初次就业率为98.35%，毕业三个月后的就业率为97.2%，用人单位对毕业生的平均满意度达93.29%。由于办学成效显著，学校获得了一系列荣誉，如入选浙江省高职重点建设校、教育部"全国深化创新创业教育改革示范高校"；入围《2017中国高等职业教育质量年度报告》"服务贡献50强"和"国际影响力50强"榜单。

（三）企业学院模式：以江苏经贸职业技术学院九如学院为例

1. 实践背景

第六次全国人口普查数据显示，我国人口存在明显的老龄化加速趋势，我国成为世界上老龄人口最多的国家，且人口老龄化已达到较为严重的程度。人口老龄化现象促进了养老产业、养老服务的兴起，不仅包括老年人的基本生活服务，还包括老年人心理疏导、医疗保健等多方面的专业护理服务。而与此同时，养老产业、养老服务兴起的背后却出现了服务型人才紧缺的尴尬现象。

江苏经贸职业技术学院早在2006年就敏锐地捕捉到国家人口老龄化趋势和养老服务行业发展动向，在"立足商贸，面向现代服务业"的办学定位下，于江苏省内率先开设了以老年服务与管理专业为龙头，涵盖社会工作、体育保健等专业的涉老专业群，充分发挥人才培养和社会服务的功能，为江苏省养老服务行业输送了一大批高素质技术技能型人才，先后被评为国家级"爱心护理工程人才培养基地"和省级"老年产业人才培养基地"。江苏经贸职业技术学院九如学院于2015年正式揭牌，是由江苏经贸职业技术学院与九如城养老集团合作共建的混合所有制学院，通过采取企业学院校企合作模式，致力于打造集人才培养、项目研发、职业培训、社会服务于一体的校企合作平台。

2. 实践举措

（1）科学定位专业课程和工作岗位（群）

我国现有的养老机构难以满足日益增长的养老需求，老龄化不断加剧的社会现状突出了养老服务行业的发展大趋势，而养老服务队伍建设亦是做好养老服务工作的基本要求。一方面我国取得正式养老护理职业资格的人数与几千万失能老人的潜在需求相差甚远；另一方面，我国目前养老服务队伍整体素质与专业化能力不高，在一定程度上无法充分满足老年人的护理需求。

江苏经贸职业技术学院九如学院充分意识到我国存在专业化养老服务人员严重空缺的现象，为了更好地服务社会，该学院坚定"以服务为宗旨，以就业为导向，走产学研结合、校政结合、校企结合"之路，通过遵循社会需求导向，对所设专业进行科学定位，其中包括老年服务与管理、老年社会工作、康复治疗技术、法律事务等专业，并以前两种专业为重点。同时，江苏经贸职业技术学院九如学院也对专业设置所对应的工作岗位（群）进行长远分析，具体可见图5-6。

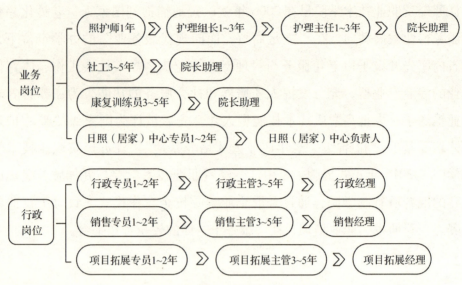

(a)老年服务与管理专业工作岗位（群）分析

(b)社会工作专业（老年）工作岗位（群）分析

图5-6　江苏经贸职业技术学院九如学院主要专业工作岗位（群）分析

（2）结合实施现代学徒制人才培养模式

产教融合是高职教育区别于其他教育的最本质特色，只有跟进产业发展趋势，才能提升人才培养的实用性和针对性。建立企业学院需要学院积极主动地融入企业标准进行教学改革①，从企业行业的需求角度，按照"优先服务企业、面向社会行业"的办学宗旨，采取校企联动、岗教联通。在人才培养的过程中

---

① 史小波，朱利军，郭家星. 基于"企业学院"的校企合作模式的探索与实践——以苏州工业园区职业技术学院为例［J］. 江苏教育研究，2013（21）.

必然需要院校与企业深度合作、教师与师傅联合传授，这可能需要结合现代学徒制进行人才培养。

江苏经贸职业技术学院九如学院由校企双方联合招生、联合培养，实行招生与招工一体化模式，通过"双主体育人"的校企合作现代治理机制培养涉老专业人才，采用"1·(2+3)·1 分阶段多循环"的人才培养模式，学校负责系统的专业知识教学和技能训练，企业采取师徒制进行岗位技能训练。此外，制订具体的人才培养方案、实施教学设计由校企双方共同完成。学生正式入职后，企业的人才培养战略将为新员工提供岗位培训、轮岗训练、学历深造、出国进修等支持性资源，铺设"员工—组长—主管—部长—院长"的职业晋升通道。江苏经贸职业技术学院九如学院在"1·(2+3)·1"人才培养模式改革过程中，强调当前老年服务与管理专业学生所实行的现代学徒制是以师傅带徒弟的在岗学习形式，而非顶岗实习和在岗实训。另外，还进一步明确九如学院的经贸校区与九如校区共同拥有教学管理权和学生管理权，对管理工作进行明确分工，从而保障改革的顺利进行。

（3）实行"双员身份、双兼互聘"师资管理制度

企业学院通过结合企业实操培养优势以及院校理论培养优势，使学生获得更为全面的培训环境，此目标的实现需要双方合力共建"双师型"师资团队。"双师型"教师是校企合作过程中的必要角色，也是校企双方共同培养的对象，"双师型"教师的教学水平和素质水平直接决定了职业教育质量，通过改变传统"满堂灌"的教学模式，强调启发式教育、体验式学习，并更加关注学生的自主学习意识和实践操作能力。

江苏经贸职业技术学院九如学院实行"双员身份、双兼互聘"制度，即学院的教师既是学校的教员，又是合作企业的兼职员工；九如城养老产业集团的员工既是企业正式员工，也是经贸学院的兼职教员。在此制度下，校企双方共同实施工学交替分阶段、多循环的教学运行模式。第一学年，学生在经贸学院接受通识课程和专业课程学习；第二学年，运行"2+3"教学模式，即在每个培养循环阶段中，学生在经贸学院进行2个月理论学习，再到合作企业的养老机构作为员工进行3个月的技能训练；第三学年，学生进入全面顶岗实习阶段，并依此获得相应的学分。另外，江苏经贸职业技术学院九如学院还通过开展社团活动、组织学生进行社会服务等途径来拓展学生素质。此过程中学院老师进行

活动组织，企业人员为学生安排场地和器材，校企双方所提供的师资力量共同培育学生的专业能力和专业价值观。

另外，江苏经贸职业技术学院九如学院还重视中外合作办学中的教师队伍建设，从而引导中外合作办学更顺利地进行。江苏经贸职业技术学院实施国际化办学战略，形成多层次、多领域、多形式的国外交流与合作格局。通过引进特色课程、职业资格标准、优质师资等重要资源，吸引大量留学生，以此提升学院的国际合作水平和层次。同时，还与国外院校、企业合作成立教学机构，共同打造国际化办学品牌。

(4) 通过参与慈善公益活动提升学生职业技能

尽管公益慈善在近些年发展迅速，但"公益慈善"在目前尚且没有被认为是一种主流专业。不过，在校企合作办学过程中，为了向社会传递爱的能量，培养学生的奉献意识，提升院校和企业的社会形象，众多校企合作方案中出现了"慈善公益行"内容。企业学院作为一种培养人才、服务社会的校企合作模式，积极参与社会慈善公益事业不仅有利于提升自身的社会影响力，也能通过改善地区社会整体风貌，为自身营造更好的发展氛围。

九如学院所参与的慈善公益活动主要针对老年群体展开，当然也不局限于此。这其中包括：①老少同乐。此活动先由专业老师向学生志愿者们讲解相关专业知识、调查技巧与注意事项，之后学生便按照要求前去对老人们进行问卷调查，最后通过对老人生活环境的现场参观以及问卷调查结果的整理，使得学生对老年人生活状况有了进一步了解，也对自己的专业有了更深入的体会。②尊老爱老公益行。学生志愿者在老师的带领下到学校所安排的敬老院对老人们进行关怀服务，主要包括陪老人们聊天、给老人们按摩、帮老人们打扫卫生等，虽是一些简单的互动，但为老人们带来了很多温暖。③佳节送温馨。在佳节来临之时，学院会策划相应主题活动，先传授关于佳节起源的知识，使学生们更加了解节日的意义，更充分地感受节日气氛，学生们也会提前准备好节目以及游戏与老人们互动，和老人们共度温馨、祥和的佳节。④义诊体检活动。为锻炼学生的专业技能，增加老人们的日常保健意识，九如学院还安排了为老人们测量血压、检测身心机能等义诊体检活动，不仅使老人们更清楚地了解其身体状况，还能通过此过程扎实服务者的专业技能。

（5）关注更大范围的利益相关者

父母作为学生的养育者和引路人，对学生的成长和发展起着关键性的作用，而家长也属于校企合作的利益相关者。在对院校进行选择时，家长一般重点关注学校的教育教学质量和历年毕业生的就业质量，即将注意力更多地放在孩子未来发展上面。企业学院通过加深院校与企业之间的联系，不仅为学生提供了更为对口的工作机会，还能通过对学生家庭的充分了解，优先为学生家长安排适合的工作岗位。这一方面促进了院校与企业建立更加难以割舍的合作关系，另一方面也解决了学生远离父母工作的无奈之选。

江苏经贸职业技术学院九如学院采取"带着爸妈来上学"计划，该计划辐射所有报考老年服务与管理、社会工作（老年）专业的学生，主要内容为孩子来江苏经贸职业技术学院九如学院上学，可以安排其父母到九如城养老产业集团工作。九如城养老集团已经在上海、南京、苏州、无锡、徐州等地区设立公司，通过运营连锁形式的康复医院和养老机构，为城市居民提供社区和居家上门服务。"带着爸妈来上学"计划采取校招的方式招收工作人员，岗位主要围绕老年服务与管理以及社会工作设置，并且也存在一定的岗位要求。具体岗位包括：①照护师。要求具备良好的沟通与协调能力以及严谨的工作态度，而有临床护理工作经验，或是持有养老护理证和中高端养老机构从业经验者优先考虑。②家政服务人员。要求具备较强的责任心与服务意识，热爱养老事业，热情且富有爱心，有家政服务工作经验者优先考虑。③护士。此岗位要求正规医学院护理系毕业，且持有护士资格证和执业证，掌握一定的老年病知识、从事过临床工作者优先考虑。④养老机构院长。需要具备3年以上养老行业工作经验以及10年以上管理岗位工作经验，热爱养老行业，富有耐心和亲和力，并能承担一定的工作压力。

3. 实践成效

江苏经贸职业技术学院九如学院利用混合所有制的独特优势，有效激发了社会力量参与高职教育的积极性和主动性，盘活存量、拓展增量，破解了产教融合、校企合作过程中的许多难题，使学校更好地对接养老服务行业需求。该学院将爱心、公益、专业、坚守等为老服务价值观融入课程、课堂教学、学生活动等人才培养全过程，秉承"与爱同行，止于至善"的宗旨持续将音乐照顾活动在社区及机构深入推广，用真情服务长者，产生了积极的社会影响。九如学院于 2012 年将音乐照顾引入大陆，涉老专业学生成立了公益社团"音乐照顾协会"，截至 2017 年年底，学校公益社团"音乐照顾协会"依托省市公益创投项目，已累计服务老人 4 万余人次，编写社会服务读本 6 本。并且该音乐照顾项目还被评为南京市十佳公益创投项目、江苏省精神关爱十大精品服务项目。

（四）职教集团模式：以浙江省建设职业教育集团为例

1. 实践背景

职业教育集团是职业院校、企业行业等组织为了实现彼此之间资源共享、优势互补，通过建立规范化的合作关系而发展起来的教育团体，其组成主体主要有政府、行业企业、职业院校、研究机构和社会组织等。2015 年 6 月，我国教育部印发《关于深入推进职业教育集团化办学的意见》，该意见明确了职业教育集团化办学在全面建成小康社会、加快经济转型时期的重要意义。2017 年 12 月召开《中国职业教育集团化办学发展报告（2017）》发布会，从发展概况、办学成效、服务贡献和对策建议四个部分集中反映了 2015 与 2016 两年来我国职业教育集团化办学的现状和风貌。

近年来，职业教育集团化办学也在各地开花，形成了众多具有办学特色、影响广泛的职业教育集团，它们在资源共享、优势互补、合作育人方面的优势不断显现。同时，随着我国建筑科技行业的快速发展，建筑幕墙技术被广泛用于建筑工程领域，已经成为现代建筑外墙围护结构的发展新潮流。市场需求的扩大出现相关人才短缺的局面，因此，浙江省建设行业为进一步满足社会人才需求，并紧抓职业教育集团化办学快速发展机遇期，2010 年在浙江省建筑装饰协会主导下，浙江建设职业技术学院牵头相关职业院校、多家知名装饰幕墙企业，正式组建了浙江省建设职业教育集团。

2. 实践举措

（1）积极整合多元主体参与集团化办学

浙江省建设职业教育集团于建立之初，便以"产教整合、校企合作"为理念，围绕浙江省区域发展规划和产业结构特点，积极争取"政校行企"各方支持力量加入集团化办学，形成了集政府、学校、行业、企业为一体的职业教育战略联盟，构建了"建设行业促进学院发展理事会—建设职教集团—系校企合作部"的三层校企合作组织架构，完善了"政府引导、三层架构、一体多元、开放融通"的"政校行企"四方联动体系（见图5-7）。截至2018年1月底，浙江省建设职业教育集团已容纳186家成员，其中包括18所院校、9家行业协会、7家科研院所、147家企业以及5家其他社会组织，成员单位所在地包括杭州、宁波、绍兴等多个地级市，包含建设行业的各个领域。

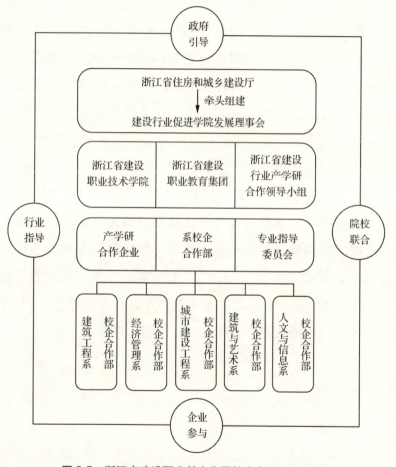

图 5-7　浙江省建设职业教育集团校企合作组织架构

（2）不断完善与创新校企合作办学模式

加快完善职业教育集团化办学模式是深入推进职教集团校企合作的重要内容之一，而创新实践是探索行之有效的校企合作办学模式的必经之路。完善与创新校企合作办学模式，首先必须准确把握职业教育集团所面临的发展形势，发挥优势、认清不足；其次必须规范职业教育集团的管理结构，职业教育集团应通过理事会、董事会等机制建设，健全集团工作章程、相关管理制度等内部工作和协调机制，明确集团内各成员的权利与职责；另外，还要健全职业教育集团化办学运行机制，以各相关方的"利益链"为纽带，推动建设集教学、生产、研发等功能于一体的人才培养平台，促进人才成长"立交桥"式建设。

浙江省建设职业教育集团结合地区行业企业的人才需求，为了实现教育链与产业链的有效融合，创新出了"1+1+X"校企合作办学新模式。"1+1+X"指的是行业联合学院模式，其中第一个"1"指学院，第二个"1"指行业协会，第三个"X"指合作企业。该办学模式需要行业、企业、学院三方共同参与，办学经费由三方共同承担，三方共同商定学校的专业建设、课程设置、师资队伍建设、招生要求、就业实习安排等各项工作。[①] "1+1+X"行业联合学院形成理事会领导办学、行业协会牵头制定标准、企业提供师资实践岗位、学院实施具体操作这种责任明晰、高效流畅的运行机制（见图5-8），展现出学院、协会、企业三方共同作用而形成的办学联合体。

"1+1+X"行业联合学院的办学创新之处还表现在大胆改革招生就业计划以及大力创新课堂教学。该学院通过尝试新增幕墙施工设计、国际工程管理等具有社会需求现时性和前瞻性的专业，从不同年级分别开展专业试点工作，同时落实相应的就业实习岗位。"1+1+X"行业联合学院对课程教学进行创新则通过应用现代化教学手段，积极组织专业教师开展"空中课堂""厂中校—校中厂"等独特模式，以此展现教育资源的时效性和先进性。

---

① 何辉. 基于行业联合学院平台的建筑类现代学徒制探索与实践[J]. 中国职业技术教育，2017（13）.

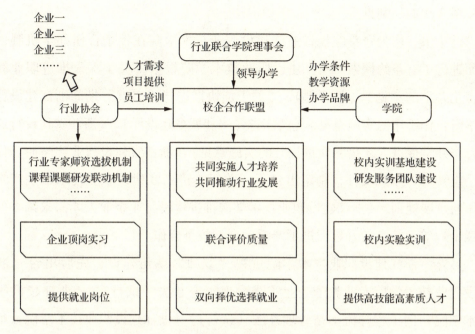

图 5-8 "1+1+X" 行业联合学院办学运行机制

（3）全面提升职教集团的社会综合服务能力

在具体操作上，浙江省建设职业教育集团着重抓好以下工作：一是在提升自身发展方式转变能力上，通过明确各成员职责，形成"政府引导、行业指导、院校联合、企业参与、国际融合、校友缘合"的发展共同体。该集团既借助国内外会议、技术技能培训、学术研讨会等线下活动形式，也利用微信、QQ群、微博等线上新媒体资源，为各参与成员构建全面的对话交流平台，从而更好地融合各方资源、最大限度地发挥各方职能。二是在提升自身区域协调能力上，浙江省建设职业教育集团基于建筑工程行业的市场需求，通过进一步分析市场前景，发现装饰幕墙行业存在对口人才缺口，由此明确了人才培养的定位，为协调区域产业发展贡献一己之力。三是在提升促进就业能力上，浙江省建设职业教育集团积极探索并实践现代学徒制试点工作，如浙江建设职业技术学院以装饰幕墙类为特色专业，以设计、施工管理岗位为出发点，以专业对接岗位为本源，于2015年成为我国首批现代学徒制试点单位。

（4）强化职业教育集团办学机制保障

职业教育集团的顺利运行离不开相关的政策保障，职教集团应深入分析国家和地区出台的相关政策，以此为基准，在集团内部制定具体的规章制度，保障校企合作的顺利推进。

近年来，作为牵头院校，浙江建设职业技术学院在校企合作办学机制创新方面进行了有益的探索。浙江建设职业技术学院根据《关于深入推进职业教育集团化办学的意见》（教育部）、《关于加快推进"十二五"期间浙江建设行业产学研合作工作的实施意见》（浙江省住房和城乡建设厅）、《浙江省建设行业参与合作办学促进人才培养质量提升的实施意见》（浙江省建设行业产学研合作领导小组）等一系列文件，制定出台了《关于推进浙江建设职业技术学院产学研合作的发展规划》《浙江建设职业技术学院推进建设行业企业人才需求调查的实施意见》等政策，较好地促进了产教融合、校企合作。

另外，浙江建设职业技术学院重视"双师"队伍建设，先后出台《浙江建设职业技术学院专业教师企业实践锻炼实施办法（试行）》《浙江建设职业技术学院访问工程师流动站管理办法（试行）》《浙江建设职业技术学院教师对外技术服务管理办法（修订）》《浙江建设职业技术学院兼职教师岗位管理办法（试行）》和《浙江建设职业技术学院教师工作室建设与管理办法（试行）》等一系列规章制度，按照"双挂双聘"师资培养机制，完善产学研工作队伍建设完善。

3. 建设成效

2018年1月，浙江省教育厅发布《关于公布2017年浙江省"中职教育质量提升行动计划"有关项目建设名单的通知》，浙江省建设职业教育集团入选2017年浙江省示范性职教集团。在发展规模上，浙江省建设职业教育集团涉及建设行业、事业多方位领域，成员不仅覆盖杭州、宁波、绍兴、嘉兴等9个地级市，还与德国等6个国家、堡密特等10多家外资企业共建国际合作关系。在社会服务上，浙江省建设职业教育集团不仅为当地建设行业提供了高技能高质量人才，还对口支援了河南、江西、青海、宁夏等中西部建设类职业技术院校。[①]

浙江建设职业技术学院作为浙江省建设职业教育集团的牵头院校，依托现代学徒制人才培养模式，不仅每年招生效果显著，且就业率一直保持在98%以上，该学院还荣获"2015年度中国职业教育百强""2015年度全国毕业生就业

---

① 董洪亮. 浙江建设职业技术学院集团化办学铸造特色［J］. 中国建设教育，2015（3）.

典型经验高校"等称号，被授予"中国建设教育协会会员单位""浙江省建设行业示范性实习基地"等荣誉。

另外，浙江省建设职业教育集团于2015年举办了第五届"绿色建筑科技文化节"，该活动成效显著，成为该职教集团的年度品牌活动。

（五）总结分析

从长三角地区典型的高职教育校企合作生态模式来看，各种模式存在的共同点非常明显，采用不同模式的院校在进行发展路径选择时，也是在遵循模式根本特征的情况下结合自身情况展开行动的，其共同点主要表现在以下几个方面。

1. 构成要素较为一致

对于参与主体，各种高职教育校企合作生态合作模式的两大参与主体均为院校和企业，同时，政府也是校企合作不可或缺的重要参与者。院校提供专业基础知识教学，企业提供操作实践实训辅导，两者的有效合作离不开政府的推动和指导，且政府通过经费支持或相关政策激励手段可以更加高效地促成校企合作。另外，校企合作也受到政治制度、经济水平、文化科技、交通条件等外部环境的直接或间接影响。苏州电子商务示范基地、宁波职业技术学院、江苏经贸职业技术学院九如学院以及浙江省建设职业教育集团的所在地虽然不同，但因同属长三角地区，所面临的外部环境差异相对较小，且会因为地理临近效应，产生一定程度的相互借鉴和效仿，从而推动校企合作生态系统的构成要素趋于一致。

2. 实践行动背景相似

在国家对于高职教育重视力度不断提升的大环境下，各地区政府也紧随其后，制定了一系列针对构建高职教育校企合作生态系统的相关政策。我国自2006年起明确指出高职教育对于"加快推进社会主义现代化建设进程具有不可替代的作用"，此后，我国对于高职教育的支持力度不断加大，高职教育的地位也在不断凸显。苏州电子商务示范基地于2011年正式成立，宁波职业技术学院于2014年之后融入现代学徒制，江苏经贸职业技术学院九如学院于2010年开始密切开展校企互动，浙江省建设职业教育集团于2010年开始正式组建。由此看出，长三角地区高职教育校企合作现象不断涌现，均是在国家或地方政府的相关政策推动下逐渐展开的，它们的实践背景在时间上具有明显的相似性。

3. 强化校企双主体地位

由于校企双方对于合作意向的偏差，往往形成院校积极主动、企业热情度不高的现象，而高职校企合作主体态度的均衡性是实现校企合作顺利开展以及长期稳定发展的必要条件。因此，在构建高职教育校企合作生态系统时要重点注意提升企业合作积极性，从企业参与校企合作动力不足的原因入手，有针对性地进行解决。长三角地区高职校企合作从加深校企合作联系紧密度以及利益相关性的角度出发，不断强化校企双主体地位，取得了"1+1>2"的效果。苏州电子商务示范基地通过实施"政校行企联动、产学研用立体推进"的行动方针，大力推进校企协同创新，助力苏州区域产业升级转型；宁波职业技术学院建立校企联合招生方式并联合成立现代学徒制管理工作组，实现对人才选择和培养的共同参与，由此做到培养信息充分对称；江苏经贸职业技术学院九如学院与九如城养老产业集团共同研制人才培养方案、设计实施教学，实行招生与招工一体化；浙江省建设职业教育集团吸纳多家行业协会、院校和企业，共同参与职教集团建设和校企合作管理。

4. 重视双师队伍建设

职教师资队伍建设是培育人才的基础性任务，校企合作的主要原因在于促成专业知识与技能操作的有效结合和高效转化。"双师型"教师是同时具备理论教学和实践传授能力的综合型教师，"双师型"教师的培养已经成为高职教育教师队伍建设的特色和重点。为提升校企合作质量，增强技能人才的培养能力，长三角地区在构建高职教育校企合作生态系统的过程中，纷纷加强师资队伍的建设。苏州电子商务示范基地为专兼职教师提供真实案例素材以便其引入教学，宁波职业技术学院引入企业经验丰富技师扩大"师傅"教学团队，江苏经贸职业技术学院九如学院实行"双员身份、双兼互聘"制度，浙江省建设职业教育集团全面融合多元师资力量。

第六章
高职校企合作生态系统评价指标体系构建与实证研究

近年来，随着我国经济社会的不断发展，校企合作已然成为推动现代职业教育体系建设、提升职业教育人才培养质量、打造中国经济升级版的重要战略措施之一。然而，我国高职校企合作日益暴露出合作形式表面化、行业企业参与度不高等一系列问题，使得校企合作难以深入和持续发展。高职校企合作的可持续发展是一个复杂系统工程，从教育生态学视角来看，校企合作也有由内外部要素构成的校企合作生态系统。构成合作生态系统的主要因素有参与主体、运行机制、外部环境。校企合作生态系统的可持续发展必然是多种要素综合影响的结果，因此，通过构建科学的校企合作生态系统评价指标体系对当前高职校企合作状况进行评价与认识，并依此寻求解决促进校企合作生态可持续发展的途径与方法，具有积极的现实意义。

一、高职校企合作生态系统评价要解决的问题

校企合作生态系统评价的目的是为了客观、准确认知高职校企合作中学校、企业、社会三者的和谐程度。结合当前我国高职校企合作现状与经济社会对职业教育的内在要求，高职校企合作生态系统评价需要重点解决如下问题。

（一）与社会发展契合度问题

高职教育与社会经济发展密切相关，高职校企合作生态系统评价的首要任务便是判断校企合作是否促进高职技术技能型人才培养质量提升，是否促进企业经济升级转型，是否形成学校、企业、区域经济之间的协调统一发展。通过校企合作与社会发展契合度评价，能从宏观上掌握校企合作发展状况与演变方向，有利于政府及时发现校企合作中出现的问题，以便进一步优化与完善职业教育及校企合作的相关法规、政策，激励与推动校企合作良性与可持续发展。

（二）行业企业参与动力问题

近年来，我国高职院校对校企合作进行了深入的探索与积极的实践，所获成绩可圈可点，但行业企业参与积极性不高、动力不足的问题依旧突出，这给校企合作顺利开展造成不小的困扰。2014年教育部等六部委联合发布《现代职业教育体系建设规划（2014—2020年）》，该规划明确指出企业在我国职业教育发展中的角色占有量不足等诸多问题，并提出通过创新校企合作机制、完善制度建设来引导行业企业积极参与职业教育。校企合作生态系统评价应通过有效指标设计剖析行业企业参与校企合作的内在动力机理，剖析行业企业参与校企合作的制约因素，为政府、高职院校制定校企合作促进政策提供依据。

（三）政府管理方式转变问题

要使校企合作生态系统协调、顺畅运行，须先理顺政府在校企合作生态系统中应该"扮演什么角色""起什么样的作用""如何发挥应有的作用"。《国务院关于大力发展职业教育的决定》（国发〔2002〕16号）明确了各级人民政府在职业教育发展规划、资源配置、条件保障以及政策措施方面的统筹管理职责，同时还要不断为职业教育提供强有力的公共服务，为职业教育发展营造良好的发展环境。① 《国家中长期教育改革和发展规划纲要（2010—2020年）》则进一步指出要"在职业教育中建立健全政府主导、行业指导、企业参与的办学机制"。② 国家相关政策文件明确了政府在高职校企合作促进中的角色与职能定位，即政府既是校企合作发展的规划者、统筹管理者、公共服务提供者，也是校企合作生态系统的重要参与者、教育环境的重要影响者。校企合作生态系统评价应对政府职能定位与政策措施的绩效进行评价，为现阶段政府转变管理方式提供切实可行思路。

（四）校企合作机制创新问题

校企合作生态系统是由一个又一个相互影响、相互促进的子系统构成，这些子系统或以政府为主导，或以学校为主导，或以企业（行业）为主导，有紧密型合作，也有松散型合作。在各子系统的运行过程中，由于主体观念与利益差别形成了一系列内在的矛盾和冲突，如在高职课程设置中不能单纯满足企业顶岗实习的需求，还要顾及学生的基本知识、基本能力、就业能力的培养，以实现学生的可持续发展；企业（行业）兼职教师是高职师资团队的一个重要组成部分，如何有效解决兼职教师校内兼课与企业工作之间的时间和精力冲突；等等。这些矛盾与冲突的解决，需要多个行之有效的校企合作机制来保障。校企合作生态系统评价应能对校企合作校企合作机制科学性做出评价，为高职院校、企业加强校企合作模式、组织管理、沟通协调等机制创新提供借鉴参考。

（五）校企合作利益保障问题

高职校企合作中由于不确定风险、利益最大化驱动及现行法律法规不健全等原因，不可避免会出现各种投机或违规行为，势必会给另一方造成一定的利

---

① 吴雪萍. 面向可持续发展的终身职业教育［J］. 浙江大学学报（人文社会科学版），2007, 37（2）.

② 李慧，林永春. 企业参与职业教育的激励政策探析［J］. 职业技术教育，2011, 32（25）.

益损失。校企合作利益保障问题既影响行业企业参与校企合作的积极性，也影响校企合作是否能持续、稳定发展。而我国现有的法规政策是否能对校企合作利益进行充分保障，是否有权威的第三方中介机构对校企合作纠纷进行仲裁，是影响校企合作生态系统协调发展的重要因素，也是校企合作生态系统评价的基本问题。

二 高职校企合作生态系统评价指标框架设计

高职校企合作生态系统评价指标能有效反映校企合作发展状态及存在问题，是高职校企合作评价的关键环节之一。本研究从校企合作生态系统指标体系设计的目的出发，并进一步阐释其指标选择原则和指标体系构成要素，从而设计出高职校企合作生态系统评价指标框架。

（一）指标体系设计目标

设计高职校企合作生态系统指标体系，是科学认识校企合作发展规律与监督指引校企合作实施工作的需要，更是定量考核校企合作绩效的基本依据。设计这一指标体系，主要目标如下。

1. 促进高职校企合作实践符合国家战略

我国正处于新型工业化的推进和科学技术的发展阶段，推进深度校企合作是国家对提升高职人才培养质量、推进企业升级转型、促进地方经济发展的战略要求。校企合作生态系统评价指标体系的设计和运用，为政府、高职院校与企业更好地调整校企合作行为提供认识的基础和行动的导向，对更好地展开校企合作工作产生积极的引导、激励与监督作用。

2. 促进校企合作的经济政策和法律手段优化与完善

当前，职业教育校企合作教育政策与制度体系仍存在一定的问题，如校企合作利益相关者之间的利益关系没有完全理清，专门的校企合作协调机构尚未建立。校企合作生态系统指标体系的设计与运用，重点任务就是通过科学的评价结果指导建立完善校企合作模式、校企合作机制、政府配套的经济政策体系和法律手段，为解决长期以来阻碍校企合作发展的资金设备投入、产权分配、激励促进和利益保护等经济与法律问题提供理论基础。

3. 促进高职校企合作可持续发展

由于校企合作中的合作理念、合作能力、合作机制、法律保障等问题导致目前高职校企合作形式表面化，缺乏合作深度，尤其是行业企业参与动力不足会直接造成高职校企合作难以稳定、可持续发展。校企合作生态系统指标体系的设计与运用，有利于对高职校企合作健康状况进行科学评估并提出优化改进建议。

（二）评价指标选择原则

校企合作生态系统评价指标体系具有相关指标复杂多样、系统性强的特征。为使评价指标体系有效反映校企合作生态系统的内涵与特征，应该在遵循科学性、有效性、层次性、规范性、不可替代性、相关性、可量化性等一般性原则的基础上[①]，针对校企合作生态系统的内涵与特点，突出以下三个原则：

1. 系统性原则

即指标体系构建应采取系统论的观点和方法，全程考察校企合作实践中的各个要素，使影响校企合作的各因素、各环节紧密相关，形成有机统一的整体，以便有效协调与监控。

2. 可操作性原则

由于校企合作影响因素较多，在评价指标选择上要做到可操作性强，删繁就简，既体现评价体系的指导性，又要适应实际需要，使评价指标既不断完善又容易实施。

3. 综合性原则

实现学校、企业、社会的协调发展是校企合作生态系统运行的最终目标，

---

① 成金华，陈军，易杏花. 矿区生态文明评价指标体系研究［J］. 中国人口·资源与环境，2013，23（2）.

也是评价工作的重点内容。在指标体系构建上，应能综合考虑影响校企合作的内外部因素，能有效开展综合评价。

（三）指标体系的设计

1. 评价指标体系构建

根据我国高职校企合作的实际，借鉴国外发达国家的先进经验，本书围绕校企合作的主要利益相关方（学校、企业、政府），设计了三个一级指标、多个二级指标，构建基于"校—企—政"协同的校企合作生态系统评价指标体系。如表 6-1 所示。

表 6-1　基于"校—企—政"协同的校企合作生态系统评价指标体系

目标层	一级指标	二级指标	三级指标
校企合作生态系统综合评价	学校发展	学校声誉提高	学校专业与企业的对口程度
			招生计划完成率
			新生报到率
			媒体报道
		人才培养质量提升	毕业生初次就业率
			毕业生就业对口率
			毕业半年后平均月薪
			在校生参加全国技能大赛获奖数量
		科技成果增加	年发表学术论文数
			年科研经费到账数
			承担省部级以上项目数
		服务社会能力提升	年社会服务总收入
			创新服务团队（教师）
			技术服务
			社会培训服务

续表

目标层	一级指标	二级指标	三级指标
		企业合作意愿增强	企业投入设备占学校实训设备总值的比例
			企业兼职教师课时占专业总课时数比例
			学生订单（定向）培养人数
			来自企业的用于学校的教科研经费比例
			校企联合设立的产学研基地数量
	企业发展	企业声誉提高	担任院校专指委委员、客座讲授等人数
			有无政府授牌的产学研基地
		新技术（知识）获取	年员工培训人日数
			年薪增专利（知识产权）数
		人才资源结构优化	企业员工中合作院校学生比例
			企业主管以上员工来自合作院校比例
		经济效益提升	用工成本降低
	社会发展	校企合作环境优化	政府年均投入校企合作经费
			有无地方性校企合作促进法规或政策
			有无地方政策主导的校企合作平台或机制
			有无社会化服务机构
		地方经济发展	就业增加
			税收增长

其中，一级指标分为学校、企业、社会3个。二级指标的选定主要参照了相关理论文献、教育部人才培养质量（国家示范校、国家骨干校、央财支持重点专业）评估指标及"政行企校"专家咨询意见等，重点强调学校、企业、社会效益的协调发展。学校发展下的二级指标有：学校声誉提高、人才培养质量提升、科技成果增加、服务社会能力提升、企业合作意愿增强。企业发展下的二级指标有：企业声誉提高、新技术（知识）获取、人才资源结构优化、经济效益提升等。社会发展下的二级指标有：校企合作环境优化、地方经济发展。

2. 评价指标体系权重的确定

本章节运用 AHP 法来测定指标权重体系。通过选择 424 名来自高校、政府、企业和职教研究所等机构专家人士,请他们对上述各评价指标之间进行相对重要性判断,据此获得成对比较判断矩阵,再运用 Xpert-choice 软件进行 AHP 分析处理,进一步根据分析处理结果,从中选取判断矩阵一致性比率小于 0.1 的样本,并将它们进行一致性检验。这些权重实际上反映了不同领域的专家对校企合作生态系统各项子系统重要性的判断和认知。

3. 评价模型设计

根据以上讨论,本研究采用多层次综合评价法建立评价模型:

$$C_j = \sum_{j}^{m} W_{ij} \times S_{ij} \ (i=1\cdots 29, j=1\cdots m) \tag{6-1}$$

其中,C_j 为各一级指标权重,W_{ij} 为第 i 个一级指标的第 j 个二级指标权重,S_{ij} 为第 i 个一级指标的第 j 个二级指标的标准化分值。

4. 评价分级

本研究将评价等级分作 5 等,见表 6-2。

表 6-2 评价等级

等级	综合指数	表征状态
Ⅰ	<0.6	不及格
Ⅱ	0.6 – 0.7	及格
Ⅲ	0.7 – 0.8	中等
Ⅳ	0.8 – 0.9	良好
Ⅴ	0.9	优秀

三 调研实施

（一）调研思路

根据 AHP 模型分析基本要求，本研究调研思路如下：一是设计二次调查问卷，通过设计"校企合作生态系统评价指标重要性分析"的调查问卷，对前期研究的 33 个评价指标项目进行因子分析，导出有效因子，根据因子分析结果设计 AHP 模型；再通过设计"高职校企合作生态系统评价指标项目的重要性分析"的专家咨询问卷，分别确定一、二、三级评价项目的权重，作为评价苏州、南京、宁波、杭州四个城市校企合作水平的依据。二是以长三角地区的江苏、浙江两省为主体，尤其包括对苏州、南京、宁波、杭州四个长三角地区典型城市的调研，再辐射全国其他省、自治区、直辖市展开调研，以保证评价指标体系构建以及校企合作生态系统评价的科学性、规范性与可操作性。

（二）调研样本分析

1. 关于"校企合作生态系统评价指标重要性分析"的调研

通过问卷调查（问卷星）与个案研究（重点访谈）两种方式，对全国高职院校及长三角地区政府、行业、企业进行了调查研究。调研对象包括政府教育部门及劳动部门官员、行业协会负责人、大中型企业董事长和人力资源总监等中高级管理者，以及高职院校教学副校长、教务处长、二级院（系）负责人等。调研时间为 2017 年 10 月至 2018 年 6 月，历时 8 个月时间。

调研共发放调查问卷 500 份，实际回收 437 份，其中有效问卷 424 份。有效回收的问卷中高职院校填写 182 份，企业填写 191 份，政府部门填写 21 份，行业协会填写 18 份，本科院校填写 12 份（图 6-1 所示）。

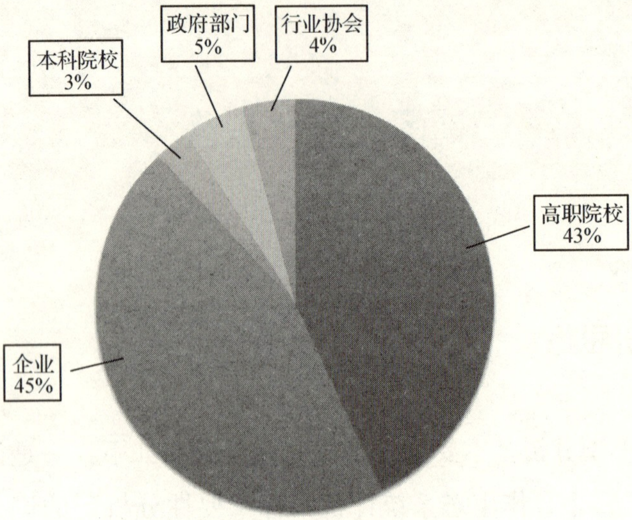

图 6-1 调查问卷填写单位类型来源分析

有效回收的调查问卷中，参与调研的高职院校涉及我国除西藏、青海以外的其他 20 多个省、自治区、直辖市。有效回收的调查问卷中，参与调研的政府、行业、企业，主要来自江苏、上海、浙江。

深度访谈主要针对 20 个国家示范校、国家骨干校、省示范院校及其他特色院校进行，包括江苏、浙江、上海三个地区。其样本选择情况如表 6-3 所示。

表 6-3 深度访谈对象一览表

地区	数量	名单
江苏	11	苏州经贸职业技术学院、苏州职业大学、苏州工业职业技术学院、苏州农业职业技术学院、无锡商业职业技术学院、无锡职业技术学院、常州信息职业技术学院、江苏经贸职业技术学院、南京信息职业技术学院、徐州工业职业技术学院、江苏财经职业技术学院
浙江	7	浙江金融职业学院、浙江纺织服装职业学院、浙江商业职业技术学院、浙江工商职业技术学院、义乌工商职业技术学院、湖州职业技术学院、浙江工贸职业技术学院
上海	2	上海科学技术职业学院、上海立达职业技术学院

2."高职校企合作生态系统评价指标项目的重要性分析"的专家咨询

主要通过问卷调查（书面问卷与问卷星）与个案研究（重点访谈）两种方式，对全国高职院校及长三角地区政府、行业、企业进行了调查研究。调研对象包括政府教育部门及劳动部门官员、行业协会负责人、大中型企业董事长和人力资源总监等中高级管理者，以及高职院校教学副校长、教务处长、二级院（系）负责人等。调研时间为 2018 年 6 月至 2018 年 8 月，历时 3 个月时间。

调研共发放调查问卷 120 份，实际回收调查问卷 116 份，其中有效问卷 100 份。调查问卷填写地区来源如图 6-2 所示。

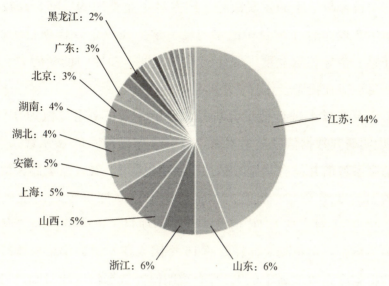

图 6-2　调查问卷填写地区来源分析

深度访谈主要针对 10 个国家示范校、国家骨干校、省示范院校及其他特色院校进行，包括苏州经贸职业技术学院、无锡商业职业技术学院、常州信息职业技术学院、江苏财经职业技术学院、徐州工业职业技术学院、浙江金融职业学院、浙江纺织服装职业学院、浙江商业职业技术学院、浙江工商职业技术学院、义乌工商职业技术学院。

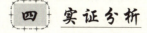

四　实证分析

（一）AHP 模型设计相关因子分析

首先，对通过文献考察及前期专家咨询导出的 33 个项目进行因子分析。以国内知名校企合作单位为主，进行问卷调查，共收回调查问卷424份。此次问卷调查以最终导出AHP评价模型所需要的4个因子为目的而设计，采取Likert 7分制进行调查。调查结果显示，除本研究提出的33个校企合作评价项目以外，学生幸福度和获得感、教师的成长度；校企合作的学生接受度、专业老师的认可引导、合作项目参与学生的发展跟踪、校方对企业管理的反哺；高校实战型双师队伍、学生在校企合作项目中的参与度、学生在校企合作项目中的贡献度；领导的责任感、领导的敬业度、领导的觉悟高度、领导的创新能力、领导的领导艺术等项目也应在校企合作评价中体现。

对424个调查样本进行信度分析结果，Cronbach α系数值为0.966，大于0.9，因而说明研究数据信度质量很高。针对"项已删除的α系数"，分析项被删除后的信度系数值并没有明显的提升，因而说明33项应该全部保留，进一步说明研究数据信度水平高。然而，本研究为了提高评价项目的准确性，针对"CITC值"，分析项对应的CITC值低于0.5的项目，说明分析项之间并不具有良好的相关关系，决定把相关性较差的15个因素在本研究中依次删减。综上所述，研究数据信度系数值高于0.9，综合说明研究数据信度质量高，可用于进一步分析。

其次，对删除后18个评价项目进行描述性分析，通过平均值或标准差描述数据的整体情况。从表7-3可以看出当前数据中并没有异常值，数据值均在平均值的3个标准差范围内波动。其中，从平均值分析结果可以看出，学校专业与企业的对口程度及有无地方性校企合作促进法或政策项分值为6.273 6和5.915 1，属于平均值较高。说明校企合作单位的毕业生对专业满意度较高，且地方性校企合作激励机制的重要性较强。相反，年发表学术论文数因素和年新增专利知识产权数因素平均值分别为5.106 1和5.250 0，属于平均值较低。这说明目前校企合作项目受教师每年发表的论文数与专利、知识产权等因素影响较少。

表 6-4 描述性分析

名称	平均值	标准差	名称	平均值	标准差
企业兼职教师课时占专业总课时数比例	5.636 8	1.040 62	新生报到率	5.382 1	1.463 59
学生订单定向培养人数	5.698 1	1.051 13	毕业生初次就业率	5.806 6	1.119 50
校企联合设立的产学研基地数量	5.726 4	1.008 55	毕业生就业对口率	5.801 9	1.127 10
企业投入设备占学校实训设备总值的比例	5.636 8	1.056 41	学校专业与企业的对口程度	6.273 6	1.003 85
有无地方性校企合作促进法规或政策	5.915 1	1.092 57	毕业半年后平均月薪	5.688 7	1.075 08
有无地方政策主导的校企合作平台或机制	5.905 7	1.045 34	年新增专利、知识产权数	5.250 0	1.422 13
有无社会化服务机构	5.641 5	1.118 84	年科研经费到账数	5.455 2	1.274 54
政府年均投入校企合作经费	5.709 9	1.068 92	年发表学术论文数	5.106 1	1.383 99
招生计划完成率	5.337 3	1.418 20	承担省部级以上项目数	5.469 3	1.244 94

因子分析的原理在于从众多变量中摘选出少数几个具有代表意义的因子变量，这就要求原有变量之间具有较强的相关性，因此首先应对表 6-4 中 18 个项目的调查数据进行 KMO 和 Bartlett's 检验。检验结果显示：KMO 值为 0.934，Bartlett 球形检验 P 值为 0。因此有理由拒绝球形假设，说明变量的相关系数矩阵不是单位阵，各变量不是相互独立的，适合于做因子分析。[①] 按照因子分析的基本原则，本研究采用主成分分析法，以最大方差法进行正交旋转，对表 6-5 中的 18 个实测项目进行因子分析。在未设定因子个数的情况下，存在 4 个特征根大于 1 的因子，其累计解释方差为 63.10%。将所属因子项目按题号排列，并参考项目的内容对这 4 个因子命名[②]，分别为：因子 1——企业参与度；因子 2——政府支持度；因子 3——学生/社会认可度；因子 4——学校科技创新度。

[①] 沈绮云，万伟平. 职业教育校企合作长效机制影响因素实证研究——基于结构维度与回归方程的分析 [J]. 高教探索，2015（6）.

[②] 赵德君，冉安平. 职业教育产教对接制度现状调查与影响因素分析 [J]. 职业技术教育，2017，38（23）.

表 6-5　因子分析

项目	旋转成分矩阵（a）成分				因子
	1	2	3	4	
企业兼职教师课时占专业总课时数比例	0.704	0.409	0.264	0.340	企业参与度
学生订单定向培养人数	0.695	0.356	0.274	0.382	
校企联合设立的产学研基地数量	0.680	0.418	0.272	0.364	
企业投入设备占学校实训设备总值的比例	0.665	0.376	0.198	0.460	
有无地方性校企合作促进法规或政策	0.261	0.824	0.211	0.340	政府支持度
有无地方政策主导的校企合作平台或机制	0.290	0.806	0.247	0.318	
有无社会化服务机构	0.283	0.796	0.256	0.342	
政府年均投入校企合作经费	0.413	0.682	0.179	0.428	
招生计划完成率	0.119	0.196	0.843	0.177	学生/社会认可度
新生报到率		0.200	0.830	0.185	
毕业生初次就业率	0.194	0.142	0.802	0.256	
毕业生就业对口率	0.336	0.159	0.713	0.313	
学校专业与企业的对口程度	0.375	0.157	0.697	0.153	
毕业半年后平均月薪	0.228	0.235	0.696	0.357	
年新增专利、知识产权数	0.268	0.308	0.262	0.781	学校科技创新度
年科研经费到账数	0.299	0.317	0.360	0.745	
年发表学术论文数	0.240	0.299	0.405	0.741	
承担省部级以上项目数	0.362	0.315	0.339	0.722	

提取方法：主成分。
旋转法：具有 Kaiser 标准化的正交旋转法。
a. 旋转在 7 次迭代后收敛。

（二）建立 AHP 模型

层次分析法要求先将决策问题置于一个大系统之中，该系统中包含众多相互作用的因素，通过将决策问题不断细化、层次化，由此形成一个具有多层结构的分析模型。进一步借助数学方法与定性分析相结合的方式，通过层层排序的处理，得到各方案计算出的指标权重，依此来辅助决策。①

层次分析法（AHP）确定权重的步骤如下：

步骤一：构造判断矩阵。以 O 表示最终目标，u_i、u_j（$i, j = 1, 2, \cdots, n$）表示各因素。u_{ij} 表示 u_i 对 u_j 的相对重要性数值。并由 u_{ij} 组成 $O-U$ 判断矩阵 P。

$$P = \begin{bmatrix} u_{11} & u_{12} & \cdots & u_{1n} \\ u_{21} & u_{22} & \cdots & u_{2n} \\ u_{n1} & u_{n2} & \cdots & u_{nn} \end{bmatrix} \tag{6-2}$$

步骤二：计算重要性排序。根据判断矩阵，求出其最大特征根 $\lambda_{\max}$ 所对应的特征向量 w。方程如下：

$$P_w = \lambda_{\max} \cdot w \tag{6-3}$$

所求得的特征向量 w 需要经归一化，即为各评价项目的重要性进行排序，也就是权重分配。

步骤三：一致性检验。根据以上步骤所得到的权重分配是否合理，还需要对判断矩阵进行一致性检验。检验使用公式为：

$$CR = \frac{CI}{RI} \tag{6-4}$$

式（6-4）中，CR 表示判断矩阵的随机一致性比例，CI 为判断矩阵的一般一致性指标，其值由式（6-5）计算得出：

$$CI = \frac{\lambda_{\max} - n}{n - 1} \tag{6-5}$$

当判断矩阵 P 的 $CR < 0.1$ 时或 $\lambda_{\max} = 1$，即 $CI = 0$ 时，可认为 P 具有较满意的一致性；否则需调整 P 中的元素，直到使其达到满意的一致性比例为止。

由于层次分析法的专家打分主观性很强，打分矩阵经常出现不一致或漏填的情况，本研究采用粒子群优化算法对专家打分矩阵进行修正。本研究为了导出校企合作评价项目的相对重要性，采取专家调查法进行调查。此前，对 33 个预评价项目进行可信度分析，筛选出 18 个评价子项目，再利用因子分析导出 4

---

① 谭洁. 中国主权财富基金风险管理研究 [D]. 长沙：中南大学硕士学位论文，2010.

个评价因子，作为 AHP 模型的基础因子。根据以上结果可以得出以下 AHP 研究模型（见图 6-3）。

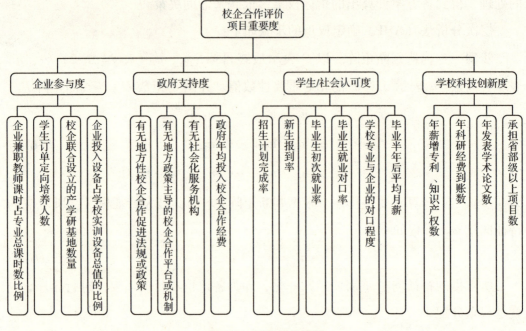

图 6-3　AHP 评价模型

首先，根据 100 位专家调查得出的结果进行样本的一致性检验。对应于判断矩阵最大特征根 λ_{max} 的特征向量，经归一化后记为 W。W 表示同一层次因素对于上一层次某因素的相对重要性的排序权值，该过程被称为层次单排序，层次单排序能否通过需要进行一致性检验。n 阶一致矩阵的唯一非零特征根为 n；n 阶正反矩阵的最大特征根 $\lambda \geqslant n$，当且仅当 $\lambda = n$ 时，该正反矩阵为一致矩阵。[①]

一致性指标用需要借助 CI 来计算，CI 越小，说明一致性越大。用最大特征值对应的特征向量作为被比较因素对上层某因素影响程度的权向量，若不一致程度越大，则引起的判断误差越大。因而可以用 $\lambda_{max} - n$ 的大小来衡量矩阵的不一致程度 CI。若 $\lambda_{max} - n = 0$，说明具有完全的一致性；若 $\lambda_{max} - n > 0$ 但很接近于 0，说明具有满意的一致性；CI 越大，矩阵的不一致性越严重。

随机一致性指标 RI 则只与判断矩阵的阶数有关。一般情况下，矩阵阶数越大，则出现一致性随机偏离的可能性也越大。由于考虑到一致性的偏离可能是

---

① 孙建华. 嵩山世界地质公园生态旅游资源评价与可持续发展研究 [D]. 武汉：中国地质大学硕士学位论文，2014.

随机原因造成的，因此在检验一致性时，需要将 CI 和 RI 结合起来进行比较，即需要借助公式（6-4）$CR = \dfrac{CI}{RI}$。一般情况下，若 $CR < 0.1$，则可以认为该判断矩阵通过一致性检验，否则不通过。

本研究结果显示（见表6-6），除去 18 个可信度较差的问卷样本外，其余 82 个样本中的每项评价因子及评价项目的 CR 值都小于 0.1，所以一致性检验通过。

表6-6 一致性检验结果

评价因子	评价项目	CR
		0.038 41
企业参与度	企业兼职教师课时占专业总课时数比例	0.096 37
	学生订单定向培养人数	
	校企联合设立的产学研基地数量	
	企业投入设备占学校实训设备总值的比例	
政府支持度	有无地方性校企合作促进法规或政策	0.045 44
	有无地方政策主导的校企合作平台或机制	
	有无社会化服务机构	
	政府年均投入校企合作经费	
学生/社会认可度	招生计划完成率	0.019 48
	新生报到率	
	毕业生初次就业率	
	毕业生就业对口率	
	学校专业与企业的对口程度	
	毕业半年后平均月薪	
学校科技创新度	年薪增专利、知识产权数	0.065 06
	年科研经费到账数	
	年发表学术论文数	
	承担省部级以上项目数	

注：一致性，可以判定为样本可信。

再对校企合作评价项目进行权重计算，结果如表6-7显示。从 4 个评价因子来看，学生/社会认可度因子分值最高，说明校企合作评价中学生对专业的认可度及在校企合作单位的角色分配满意程度是最重要的评价内容。其余三个评价因子分值按顺序是政府支持度、企业参与度、学校科技创新度。从18个评价项目来看,排在前三项的有年科研经费到账数、学生订单定向培养人数等人数、有无地方性校企合作促进法规或政策。

表6-7 校企合作评价项目权重及排序

评价因子	评价项目	Local	Global	排序
企业 参与度 (0.142 00)	企业兼职教师课时占专业总课时数比例	0.187 25	0.046 813	10
	学生订单定向培养人数	0.503 89	0.125 973	2
	校企联合设立的产学研基地数量	0.242 65	0.060 663	6
	企业投入设备占学校实训设备总值的比例	0.066 21	0.016 553	17
政府 支持度 (0.221 57)	有无地方性校企合作促进法规或政策	0.369 32	0.092 330	3
	有无地方政策主导的校企合作平台或机制	0.369 32	0.092 330	4
	有无社会化服务机构	0.130 69	0.032 673	13
	政府年均投入校企合作经费	0.130 68	0.032 670	14
学生/社会 认可度 (0.500 42)	招生计划完成率	0.073 96	0.018 490	16
	新生报到率	0.047 62	0.011 905	18
	毕业生初次就业率	0.205 81	0.051 453	8
	毕业生就业对口率	0.225 88	0.056 470	7
	学校专业与企业的对口程度	0.248 76	0.062 190	5
	毕业半年后平均月薪	0.197 97	0.049 493	9
学校 科技创新度 (0.136 01)	年薪增专利、知识产权数	0.180 13	0.045 033	11
	年科研经费到账数	0.566 54	0.141 635	1
	年发表学术论文数	0.116 78	0.029 195	15
	承担省部级以上项目数	0.136 54	0.034 135	12

(三)评价结果

根据以上各评价因子与评价项目的权重及排序结果,对江、浙、沪地区校企合作典型城市进行评价。首先,利用杭州、宁波、苏州、南京等地区的校企合作单位对目前该学校校企合作现状的评价作为基础数据进行备案。其次,利用表6-7所提示的各项目权重及排序进行赋值。可以得出如表6-8的结论。按分值从高到低排序，宁波的分值为5.862，杭州的分值为5.789，苏州的分值为5.727，南京的分值为5.721。评价等级结果显示，宁波、杭州、苏州、南京四个城市的综合评价分数分别为0.837、0.827、0.818、0.817，均属于良好级别。

表6-8 苏浙沪地区典型校企合作现状评价结果

评价因子	评价项目	苏州	杭州	宁波	南京
企业参与度	企业兼职教师课时占专业总课时数比例	0.264	0.279	0.277	0.275
	学生订单定向培养人数	0.728	0.781	0.756	0.739
	校企联合设立的产学研基地数量	0.351	0.367	0.358	0.364
	企业投入设备占学校实训设备总值的比例	0.094	0.092	0.099	0.097
政府支持度	有无地方性校企合作促进法规或政策	0.552	0.549	0.579	0.548
	有无地方政策主导的校企合作平台或机制	0.548	0.549	0.571	0.554
	有无社会化服务机构	0.184	0.191	0.199	0.181
	政府年均投入校企合作经费	0.187	0.193	0.199	0.198
学生/社会认可度	招生计划完成率	0.097	0.106	0.096	0.107
	新生报到率	0.062	0.065	0.064	0.067
	毕业生初次就业率	0.299	0.309	0.318	0.295
	毕业生就业对口率	0.328	0.342	0.349	0.335
	学校专业与企业的对口程度	0.389	0.404	0.401	0.410
	毕业半年后平均月薪	0.277	0.297	0.301	0.277
学校科技创新度	年薪增专利、知识产权数	0.251	0.227	0.229	0.243
	年科研经费到账数	0.776	0..722	0.747	0.727
	年发表学术论文数	0.152	0.143	0.138	0.136
	承担省部级以上项目数	0.189	0.172	0.180	0.166
合 计		5.727	5.789	5.862	5.721
综合评价分数		0.818	0.827	0.837	0.817

五 启示与改进方向

本研究的调查和结果分析显示：一是影响高职院校校企合作生态系统评价的因素主要分布在企业参与度、政府支持度、学生/社会认可度、学校科技创新度这四个方面。这四个因素是高职院校校企合作生态系统评价的四大因素，该四大因素高度相关。根据 AHP 重要性分析结果，该四大因素的重要性排序依次是：学生/社会认可度、政府支持度、企业参与度、学校科技创新度。二是根据对苏州、南京、宁波、杭州四个城市校企合作生态系统的健康程度综合评价实证分析，发现该四个城市综合评价分值均达到 0.8 分，属于良好状态。究其原因，主要是这四个城市均属于长三角地区经济发达城市，良好的产业背景、政府促进政策、改革创新精神等因素导致学校与企业参与校企合作的动力强、合作机制灵活、合作成效显示，最终实现了可持续发展的良好状态。

校企合作生态系统评价指标体系的设计与健康评价是一项复杂的系统工程。本研究提出的指标体系主要考虑了高职教育的属性及其内在要求，突出系统性与综合性，也兼顾了指标数据的可操作性。未来我们将进一步通过实证研究来改进现有的指标体系，以便更加客观、准确地评价校企合作生态系统的发展水平。

第七章 总结与展望

本书基于生态学理论、博弈论思想，首先，在梳理职业教育校企合作相关的理论与国内外政策基础上，构建了校企合作关系博弈模型，并基于演化博弈视角分析了校企合作生态系统的内涵、构成、特征、功能与影响因素。其次，对长三角地区高职校企合作生态系统现状进行了调研，从合作理念、合作能力、合作模式、政策保障、区域环境五个维度探讨了取得的成效与存在的问题，并对典型成功案例进行了具体分析。再次，在理论研究基础上，通过深度访谈、电话采访、问卷星调查等形式进行了调查、分析与研究，构建并优化了校企合作生态系统评价指标体系。最后，根据评价指标对长三角地区高职教育四个有代表性的典型城市南京、苏州、杭州、宁波进行健康评价。

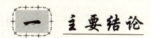

一 主要结论

（一）校企利益有本质区别，其合作过程是动态博弈过程

从本质上来看，学校是一种以培养人才为目的的公益性组织，企业是以盈利为目的的经济性组织，在合作过程中，由于企业经营的逐利性、短期性，与高职教育的公益性、长远性的人才培养特性发生利益冲突，必然导致合作双方在教育目标、教学内容、教学方式上产生立场不一致、认识不一致、行为倾向不一致的现象。高职校企合作的过程实质上是校企双方利益演化博弈的过程，

作为"理性行为人"的校企双方，由于合作双方利益的天然冲突，很可能发生博弈论中的"囚徒困境"，从而导致系统失衡、难以维系。

校企合作关系的演进方向受到合作成本、超额收益、收益分配系数、成本分摊系数、违约罚金、政府补贴等多重因子的综合影响，其中利导因子包括超额收益、政府补贴、违约罚金，限制因子包括合作成本。另外，收益分配与成本分摊的公平性也影响着校企合作关系的演化趋势。因此，各级政府应从选择战略合作伙伴关系、加快高校办学体制和机制改革、构建校企合作长效机制、发挥政府引导与激励职能四个方面进一步优化与完善相关校企合作促进政策。

（二）与自然生态系统相似，高职校企合作也存在生态系统

高职校企合作的可持续发展是一项复杂的系统工程，与自然生态系统相似，高职校企合作发展过程也是校企之间及与所处的政治、经济、文化等外部环境之间相互影响、相互作用的过程，具有多样性、协同性、自适应性等诸多生态学特征。

高职校企合作的发展如同自然生态系统的群落演化一样，一方面各参与主体为各自利益相互博弈、相互协调，另一方面又作为一个整体与所处的外部生态环境相互影响、相互作用。类比于自然生态系统的概念，校企合作生态系统是指在一定的时空尺度内，学校、企业（行业）、政府、学生（家长）四个利益相关方与所处的政治、经济、文化等外部环境之间通过复杂非线性机制的有机耦合而形成的复杂的人工生态系统。在这个系统中，各参与主体基于不同的利益驱动，不断地进行物质、能量和信息的交换，注重社会、经济、环境综合效益，各司其职，协同共生，共同维持系统的延续和发展。

（三）长三角地区区域环境优越，高职校企合作生态系统初步形成

为揭示作为中国经济发展龙头的长三角地区有没有形成高职校企合作生态系统及其健康程度如何，本书进行了两类调研与分析：

一是对长三角地区高职院校校企合作生态系统现状调研。结果显示优越的经济、地理、人文等区域环境导致企业参与合作意愿较高、校企合作模式多样、

校企合作绩效明显；宁波、苏州等城市专门出台了校企合作促进办法，又进一步推动着校企合作的深入发展。从调研数据分析，长三角地区高职院校与企业对已开展的校企合作项目认可度很高，继续开展校企合作的意愿也很高，政府、学校、企业和学生四方在校企合作中一定程度上实现了共生、共长的多赢结局。

二是长三角地区高职院校校企合作生态系统健康评价调研与分析。本书在理论研究基础上构建了高职院校校企合作生态系统评价指标体系，通过深度访谈、电话采访、问卷星调查等形式对来自全国20多个省（自治区、直辖市）、424个高职院校（主要是国家级或省级高职院校）、政府、行业及企业（主要是大中型企业）进行了调查、分析与研究，进一步优化与完善了高职院校校企合作生态系统评价指标体系。然后，根据评价指标对长三角地区高职教育四个有代表性的典型城市南京、苏州、杭州、宁波进行了健康评价，最终评分表明我国长三角地区已初步形成高职院校校企合作生态系统。

（四）理论与实践研究有待深化，政策环境保障有待加强

校企合作生态系统对高职教育、社会发展的重要性不言而喻，而通过对知网文献及政府政策的梳理，"校企合作生态系统"一词很少见，相关理论与实践的研究也不多见，相关内容本书在第一章概述部分已有详细的叙述，作为职教大国我们应给予充分的重视。

习近平同志在十九大报告中明确提出"完善职业教育和培训体系，深化产教融合、校企合作"。在新时代如何进一步深化校企合作，从某种视角上来讲就是构建校企合作生态系统，优化校企合作生态环境与运行机制，均衡各参与方利益，实现校企合作生态系统稳定、可持续发展。因此，在高职教育发展的新时代我们应深化高职院校校企合作生态系统的理论与实践研究，并进一步加强政策环境保障。

二 主要建议

（一）强化政府推动职能，推进校企合作政策落实

自 2010 年以来，国家及各级地方政府密集出台了多项校企合作政策，好政策还需要真落实，推进校企合作政策落地、落实，需要从以下几个方面进行。首先，各级地方政府要全面推进相关政策落地。虽然国家层面制定了促进校企合作的政策法规，但只有宁波、苏州等部分地方政府出台了配套政策措施，仍有许多地方政府缺乏系统的政策规划。各地方政府应快速响应国家的政策要求，步调一致，认真研究，全面出台促进校企合作的政策法规，推动校企合作政策落地。其次，各级政府要制定实施细则，推进校企合作各项工作落实。各级政府要根据本地校企合作的特点和实际情况，在企业关心的项目补贴、税收优惠等方面制定清晰、明确的实施细则，同时加强政策宣传，打消企业参与校企合作的顾虑。再次，加强对政策措施落实情况跟踪审计，促进政策贯彻落实到位。要制订适合本地实际情况的审计实施方案，严查校企合作实施相关政策的贯彻执行情况，确保校企合作的相关政策措施有效落实。

（二）构建利益机制，激发校企参与合作积极性

由于校企合作双方的有限理性、不确定性与资产专用性等问题，提高了校企合作的交易成本，制约着校企合作的健康发展。校企合作利益机制的构建，应以有效降低合作双方的交易成本为基础，须明确界定合作双方的产权关系，并且在宏观经济环境不断变革的同时，利益机制需不断创新，与时俱进。在此，本书构建了高职校企合作四种具体利益机制（见图 7-1 所示），包括利益联结机制、利益驱动机制、利益协调机制、利益保护机制，并且各个机制之间是相互制约、相互联系的统一整体，共同决定着校企合作发展的演进方向。

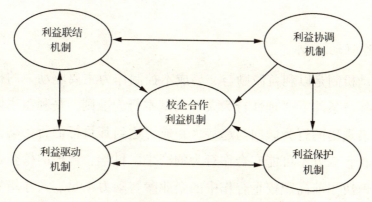

图 7-1　高职校企合作利益机制构建框架

1. 利益联结机制

利益联结机制是指通过一定的制度与组织保障等将高职校企合作利益相关主体联结成一个多赢共生的利益共同体的机制。通过利益联结机制的构建，高职院校、行业、企业等利益相关方形成一个紧密型、共生共长的合作组织，增强彼此间的信任感，相应地减少校企合作中的沟通、谈判、讨价还价、协调等交易成本。

当前，高职教育校企双方应坚持"诚实守信、优势互补、互利双赢、共生共长"的原则，以控制交易成本、明晰产权关系为基础，通过构建有效的利益联结机制，形成产学研用一体的经济利益共同体。在实践中的具体举措如下：一是加强观念转变。校企双方要加强观念转变，充分认识校企合作的重要战略价值，以诚信合作为原则，均衡交易方的短期利益与长期利益，避免各种投机、违约行为的产生。二是引导企业兴办高职教育。发挥企业的重要办学主体作用，支持企业以资本、知识、技术、管理等要素通过资本入股等形式举办各类民办高职教育，探索发展股份制、混合所有制等多种形式的高职院校。三是鼓励校企联结方式应用与创新。积极构建以行业龙头企业为中心的校企合作战略联盟，积极实施并创新由"政行企校"构成的职教联盟（集团）、董事会（理事会）等较为成熟的校企联结方式，以降低信息不对称所带来的搜寻和信息成本，同时抑制合作中的机会主义行为，减少监督成本。四是建立区域性校企合作信息平台。地方政府可建立区域性校企合作官方门户网站，及时提供相关高职院校人才培养水平、企业生产经营状况、政府配套促进政策等相关信息，公布校企合作中的非诚信行为，定期发布校企合作质量报告，提升校企合作交易信息的透明度。

2. 利益驱动机制

利益驱动机制是以利益激励与交易成本控制作为主要驱动力的机制。利益驱动是市场经济条件下"理性行为人"的基本行为准则，是利益主体对自身利益的追求而表现出的行为倾向与趋势，并成为达到其目标的行为动力，没有利益的驱动，校企双方不可能有合作行为的产生。科学、合理的校企合作利益驱动机制，可解决当前高职校企合作中的企业参与动力不足、人才培养模式相对陈旧等问题，是校企合作得以可持续发展的动力和源泉。[1]

在实践操作上，可从以下几方面入手：一是加大高职院校自主权。政府应进一步简政放权，改变对高职院校权力约束过大、管理太细的现状，给高职院校充足的经营管理自主权，减少不必要的审批、执行成本，提升校企合作绩效。二是地方政府配套促进政策尽快落地。各级地方政府应尽快出台或优化完善现有的校企合作促进政策，扶持校企合作重大项目，明确校企合作成果的产权归属，对成果转化的项目进行奖励，激发行业企业参与高职教育的动力。三是对校企合作进行财政补贴。针对校企合作中的资产专用性强的特点，为激励企业参与校企合作，同时考虑到校企合作的外部效应，地方政府可通过完善相关校企合作促进法规或办法对企业投入的专用性资产进行适度补贴，对校企合作重点项目甚至全额补贴。四是明晰校企合作中的产权与成果转化分配方式。在校企合作协议中进一步明晰高职院校、教师、企业及其他利益相关方的知识产权与成果转化分配方式，理顺各合作方的产权关系，以提升高职校企合作成果水平及转化率。

3. 利益协调机制

由于所处环境不确定性与校企双方信息不对称性，高职教育校企合作中存在着信用风险、产权纠纷风险、学生安全风险等一系列风险，风险一旦成为现实，不仅会给合作双方造成重大利益损失，而且会产生各种矛盾。[2] 因此，为防范校企合作风险，化解校企合作中的利益矛盾，根据新制度经济学中的交易成

---

[1] 韩大卫，程海琼. 协同对策在官产学联合模式下利益分配研究 [J]. 科学学与科学技术管理，2002，23（10）.

[2] 王振洪，王亚南. 高职教育校企合作双方冲突的有效管理 [J]. 高等教育研究，2011（7）.

本理论、产权理论，须构建必要的利益协调机制。

当前可从以下几方面入手：一是成立独立运作的第三方协调机构。借鉴发达国家先进经验，充分发挥行业协会的指导与协调作用，成立独立运作的行业机构（如德国的产业合作委员会、产业合作办公室）对高职校企合作提供具体的咨询、监督与评价服务，协调校企合作中的教育、人事、财政等政策，定期公布不诚信合作单位的名单，并减少或停止对其进行财政补贴。二是探索建立适当的责任分担与协调机制。针对校企合作中的企业顾虑问题，如学生人身安全、学生操作不当引起的质量事故等，可探索建立适当的责任分担与协调机制，以调动企业参与高职教育的积极性。三是搭建校企合作内部组织管理平台。具体职能包括协商、谈判、调研、座谈等正式与非正式形式，加强信息沟通与交流，以协调校企合作过程中出现的各种突发问题，从组织上保障及时消除各种风险隐患。四是实施校企一体化管理机制。系统规划校企合作中的人才培训、技术研发、成果转化、设备重组、场地改造等内容，有效协调因人员和资源的不断调整而加大的内耗和矛盾。

4. 利益保护机制

高职校企合作中由于不确定性风险、有限理性及法律法规不健全等原因不可避免地会出现各种投机或违约行为，这不但会提高合作交易成本，还会给合作方造成一定的利益损失。构建利益保护机制，有助于从制度层面对校企合作参与方的合法权益进行保护，体现与实现公平合作理念，为解决校企合作纠纷提供仲裁规则，从而促进高职校企合作良性、可持续发展。

从实践上，可从以下几方面入手：一是完善相关法律政策。政府可通过优化与完善政策制度来保障校企合作参与方利益，如完善《合同法》《专利法》与地方法规中相关产权界定与纠纷的处理细则，地方政府尽快制定或完善校企合作实施细则以规范校企合作行为。二是成立第三方利益仲裁机构。可建立政府主导、行业参与的第三方利益仲裁机构，监督高职校企合作行为，使合作中的"背叛"成本最大化，保护校企双方的合法权益。三是规范校企合作行为。从政府层面规范校企合作行为方式，如制定统一规范的校企合作协议范本，明确校企合作条件、内容和方式，以减少不必要的谈判议价成本等。

（三）突出创新驱动，实现校企合作运行机制创新

校企合作生态系统是一个动态变化的系统，校企合作的机制体制也会随着时间、地点、参与主体以及环境等因素的变化而变化。校企合作机制体制的创新，可以从以下四个方面着手。一是政策创新。校企合作各参与主体方要深入学习、理解和领会政府政策法规精神，在不违背国家政策法规的前提下，各参与主体方可根据学校、企业和学生的具体情况，灵活制定校企合作的实施细则。二是制度创新。建立诸如"协商对话例会制度""校企互动培训机制"等沟通交流制度，通过科学的制度规范校企合作各参与方的行为，使校企合作有章可循。三是组织创新。要建立专门的校企合作协调组织机构，全面统辖和协调各部门在校企合作中的事务，保证财务、后勤等职能部门提供有效的配合和支持。[①] 四是技术创新，通过引入现代信息技术、网络技术，为校企合作搭建便捷、高效的信息化管理平台。同时，通过信息资源的整合，实现校企合作各方价值最大化。

（四）增强高职院校合作能力，提升校企合作绩效

要提升校企合作绩效，需要增强高职院校的社会服务能力。增强高职院校与企业的合作能力，具体可以从以下几个方面进行。一是要强化教师的服务意识，提升教师服务社会的能力。高职教师要紧紧抓住职业教育的特点，树立起服务社会的意识，走出学校的"象牙塔"，通过参与企业实践，不断学习，提升高职教师的技术研发与服务等能力。二是要构建符合企业实际需求的课程体系。校企双方通过职业岗位定位，找出企业对员工的职业能力要求，并将职业能力按照知识目标、技能目标和素养目标进行分解，并以此为基础构建符合企业需求、以职业能力为中心的课程体系。三是要切实提升学生的技能水平，增强学生与企业的对接能力。校企双方要共同制订人才培养方案，共建专兼职教师团队，通过引入企业真实项目任务，提升学生的实践能力。

---

① 丁金昌，童卫军，黄兆信. 高职校企合作运行机制的创新 [J]. 教育发展研究，2008（17）.

（五）推进校企深度对接，实现校企共生共长

在校企合作过程中，学校与企业作为合作双方应克服合作目标或利益不一致的矛盾，以长远的战略眼光推进校企对接，实现校企资源共享、优势互补、共生共长。第一，战略对接。高职院校应牢固树立贴近企业需求、服务区域经济发展的理念，确定学校、企业、区域经济共生共长的发展战略。企业处于生产力的前端，是职业教育发展的直接受益者，应克服短视和片面追求经济效益的不良倾向，强化人才兴企战略，积极参与高职人才培养。第二，文化对接。在校园文化建设、专业文化建设、课程内容教学过程中，吸收、渗透优秀的企业文化，使校园文化与企业文化的对接在学生教育的各个环节中得到体现，有意识地对学生加强行业质量标准、职业伦理道德等方面的教育，以实现学校教育与社会岗位零距离过渡。① 第三，教学对接。在高职教育过程中，以人才培养对接企业、地方经济发展需求为核心，以培养学生的全面素质、综合能力和就业竞争力为重点，校企共同定位培养目标，共同制定培养模式、共同打造专兼职教学团队，共同建设课程体系和教学内容，共同实施培养过程，共同评价培养质量。第四，成果对接。高职院校与企业各有所长，高职院校在产学研过程中产生的新理念、新知识，企业在生产经营过程中形成的新工艺、新技术，通过有效对接，可实现成果共享、优势互补。

（六）实施系统多元化评价，促进系统协调发展

良好的校企合作生态系统评价机制，有利于及时监控系统运行状况，发现存在的问题并解决问题，从而促使系统内各要素均能按要求合理、顺畅地运行。实施多元化的评价机制，有利于校企合作生态系统协调健康发展，具体可从以下四方面的评价着手进行。一是政府评价，政府作为校企合作的宏观规划者、政策制定者、统筹管理者、公共服务者，政府评价具有十分重要的意义，因此，政府的认可与否通常是定性的评价，为校企合作把握方向。二是学校和企业评

---

① 雷久相. 高职校园文化与企业文化对接的理论意义与实践要求［J］. 职教论坛，2010（12）.

价，学校和企业作为校企合作的双主体，对校企合作的开展是最了解的，因此，学校和企业需要做一个全面、深刻的自评，保障校企合作的持续稳定运行。三是学生（家长）评价，学生作为校企合作的重要参与方，是校企合作直接输出的成果，是检验校企合作系统是否良好的试金石。四是第三方评价，通过行业、独立的第三方评估机构等对校企合作质量进行评估，可以从相对客观的视角对校企合作项目做出全方位的评价。

三 未来展望

尽管高职校企生态合作生态系统尚处于初步形成阶段，从对长三角地区杭州、南京、苏州、宁波四个职业教育典型城市的健康评价结果来看，高职校企合作生态系统仅处于一般水平，但国家已把产教融合、校企合作提到了战略层面，各种促进政策、扶持措施密集出台，可以预期未来高职校企合作生态系统必将向更健康、更稳定的状态发展。

（一）政府政策效应逐步显现，校企合作环境不断向好

自进入21世纪以来，国家高度重视职业教育与校企合作，政策红利不断，扶持力度逐步加大。2014年至今，国家以及地方政府相关扶持政策密集发布，如《国务院办公厅关于深化产教融合的若干意见》（国办发〔2017〕95号）、教育部等六部门关于印发《职业学校校企合作促进办法》的通知（教职成〔2018〕1号）。另外，各级地方政府也加快校企合作促进立法的进程，如2018年6月江苏省政府法制办和省教育厅联合开展《江苏省职业教育校企合作促进条例（草案）》立法调研，预计该条例将于2018年底正式公布。

在财政补贴、税收减免等政府政策大力扶持下，预计未来三至五年各项促进政策效应将逐步显现，校企合作宏观运行环境将进一步向好，高职教育校企合作将进入"蜜月期"。

（二）企业经济转型升级，参与校企合作动力不断增强

如今我国经济发展正步入新时代，其基本特征表现为经济发展由高速增长阶段转向高质量发展阶段。在此背景下，我国企业正积极转变发展方式，淘汰落后产能，制造业正由"中国制造"向"中国智造"转型升级。通过对长三角地区企业的调研发现，绝大部分企业非常重视与高职院校的合作，其合作需求包括"产学研培用"多个方面，人才交流培训和招聘、科技研发与项目申报、专利申报等领域校企合作成为企业的刚性需求。

可以预期的是，未来几年内企业参加高职校企合作的主观能动性将大幅增强，校企合作将从"一头冷""一头热"发展到"两头都热"。

（三）国家启动优质校建设，校企合作助力学校内涵建设

20世纪末至2014年，国家先后进行了高职示范校、骨干校建设。2015年教育部职成司发布《高等职业教育创新发展行动计划（2015—2018年)》，明确规定将建设200所左右优质专科高等职业学校。优质校建设标准较以前的高职示范校、骨干校有所区别，其核心之一就是通过深化产教融合、校企合作来推动高职院校内涵建设与人才培养水平提升，其中校企双主体办学将成为热点，企业将全过程参与高职院校人才培养中。

在《高等职业教育创新发展行动计划（2015—2018年)》推动下，全国各地掀起建设优质或高水平高职院校的热潮。截至2018年4月9日，全国已有19个省份公布优质校立项建设名单，建设院校达313所，预计投入建设资金63.65亿元。2015年，湖南省率先启动"卓越高职院校建设计划"，计划到2020年建设16所卓越高职院校。2016年，广东省启动"一流高职院校建设"，立项建设18所一流高职院校；浙江省启动"优质暨重点校建设计划"，立项建设5所重点建设高职院校、15所优质高职院校。2017年，山东省启动"优质高职院校建设工程"，第一批启动建设16所优质高职院校；江苏省年启动优质高职院校遴选，22所高职院校成为立项建设单位。

可以预计，在优质校建设大背景下，产教融合、校企合作将成为各高职院校内涵建设的核心要素，高职校企合作生态系统必将更健康、稳定发展。

附录 1：

"高职教育校企合作发展现状及影响要素"
调查问卷

尊敬的各位专家：您好！

  非常感谢您在百忙之中抽出宝贵的时间来填写本问卷！目前，我们正在开展教育部人文社会科学研究项目《演化博弈视角下的校企合作生态系统构建》，需要了解我国长三角地区高职院校校企合作现状以及相关影响因素，您的见解和意见对我们的课题研究非常重要。本次问卷调查确定依据《中华人民共和国统计法》第九条，将对问卷调查涉及的信息予以保密。相信在各位行业专家的指导下，我们协同为高职校企合作发展奉献一分力量。

  再次感谢您的参与！

项目组
2016 年 10 月

  1. 单位名称：_____ 所在城市：_____
[填空题]*

  2. 你的职务是 [单选题]*

   ○ 公司员工

   ○ 业务经理

   ○ 人事经理

   ○ 公司 CEO

   ○ 其他职务_____

  3. 您认为开展校企合作对企业的重要性是：[单选题]*

   ○ 非常不重要

○ 不重要

○ 比较重要

○ 重要

○ 非常重要

4. 贵单位是否愿意开展校企合作？［单选题］*

○ 非常不愿意

○ 不愿意

○ 愿意

○ 非常愿意

5. 贵单位近三年（2015—2017年）曾经开展过或目前开展了以下哪些形式的校企合作？［多选题］*

□ 现代学徒培养模式

□ 共建二级学院模式

□ 与学校共建产教园区模式

□ 共建职教集团模式

□ 订单（定向）培养模式

□ 共建实习实训基地模式

□ 其他形式

6. 贵单位对院校下列项目的合作意愿如何？［矩阵量表题］*

	非常愿意	愿意	一般	不愿意	非常不愿意
参与人才培养方案制订与实施	○	○	○	○	○
委托开展员工培训	○	○	○	○	○
开展订单班等定向培养模式	○	○	○	○	○
合作技术研发或咨询服务	○	○	○	○	○
为教师提供企业实践机会	○	○	○	○	○
为学生提供实习实训机会	○	○	○	○	○

续表

	非常愿意	愿意	一般	不愿意	非常不愿意
为学院提供兼职教师	○	○	○	○	○
为学生开设专题讲座（报告）	○	○	○	○	○
校企联合设立产学研基地	○	○	○	○	○
担任院校专职委委员工作	○	○	○	○	○
企业捐资助学	○	○	○	○	○
参加学校招聘会	○	○	○	○	○

7. 在参与职校人才培养的过程中，企业主要担忧以下哪几个方面？[多选题]*

□ 合作运行机制不顺

□ 高职院校合作能力不足

□ 合作成本过高

□ 合作收益不高

□ 政府扶持不足

□ 其他（请写明）_____

8. 您认为当前校企合作机制运行中存在的主要问题有哪些？[多选题]*

□ 合作实施细则方面缺乏明确规定

□ 沟通渠道不通畅

□ 缺乏校方财务、后勤等部门有力支持

□ 机制因比较僵化而需创新

□ 政府激励政策不足

□ 其他问题

9. 你认为高职院校合作能力不足主要表现在哪里？[多选题]*

□ 学生课程体系和教学与企业实际有一定的差距

□ 实习学生技能低而影响企业生产经营

□ 学生不熟悉企业文化而难于管理

☐ 高职教师的技术研发与服务等能力不足导致校企合作绩效偏低
☐ 其他问题

10. 您认为目前政府对校企合作促进政策的效果如何？［单选题］*
○ 不知道政府对校企合作有财政补贴奖励
○ 从没有享受到校企合作带来的政策优惠与奖励
○ 听说过相关促进政策但不知道申请流程
○ 享受了一定的校企合作优惠或补贴

附录2：

"高职校企合作生态系统评价指标三级项目的重要性分析"调查问卷

单位（必填）		姓名	
地区（必填）		部门	
工作年限		职位	

【问表1】　下列评价指标项目中，您认为哪一项评价指标的重要性最高，请根据以下评价分数逐一打分（√）。并按分值填写每一项评价指标，请对您所在的地区、部门进行评价。

重要性评价分值说明：

① 毫不重要　② 不重要　③ 一般（-）　④ 一般　⑤ 一般（+）
⑥ 重要　⑦ 非常重要

现有水准评价分值说明：

① 非常差　② 差　③ 中（-）　④ 中　⑤ 良（-）　⑥ 良　⑦ 优

评价指标		毫不重要↔一般↔非常重要 非常差↔中↔优						
		①	②	③	④	⑤	⑥	⑦
例：评价指标a					√			
学校专业与企业的对口程度	重要性							
	现有水准							
招生计划完成率	重要性							
	现有水准							
新生报到率	重要性							
	现有水准							

续表

评价指标		毫不重要↔一般↔非常重要 非常差↔中↔优						
		①	②	③	④	⑤	⑥	⑦
媒体报道	重要性							
	现有水准							
毕业生初次就业率	重要性							
	现有水准							
毕业生就业对口率	重要性							
	现有水准							
毕业半年后平均月薪	重要性							
	现有水准							
在校生参加全国技能大赛获奖数量	重要性							
	现有水准							
年新增专利、知识产权数	重要性							
	现有水准							
年发表学术论文数	重要性							
	现有水准							
年科研经费到账数	重要性							
	现有水准							
承担省部级以上项目数	重要性							
	现有水准							
年社会服务总收入	重要性							
	现有水准							
创新服务团队（教师）	重要性							
	现有水准							
技术服务	重要性							
	现有水准							
社会培训服务	重要性							
	现有水准							

续表

评价指标		毫不重要↔一般↔非常重要 非常差↔中↔优						
		①	②	③	④	⑤	⑥	⑦
企业投入设备占学校实训设备总值的比例	重要性							
	现有水准							
企业兼职教师课时占专业总课时数比例	重要性							
	现有水准							
学生订单（定向）培养人数	重要性							
	现有水准							
来自企业的用于学校的教科研经费比例	重要性							
	现有水准							
校企联合设立的产学研基地数量	重要性							
	现有水准							
担任院校专职委委员、客座讲授等人数	重要性							
	现有水准							
有无政府授牌的产学研基地	重要性							
	现有水准							
年员工培训人数	重要性							
	现有水准							
企业员工中合作院校学生比例	重要性							
	现有水准							
企业主管以上员工来自合作院校比例	重要性							
	现有水准							
用工成本降低	重要性							
	现有水准							
政府年均投入校企合作经费	重要性							
	现有水准							
有无地方性校企合作促进法规或政策	重要性							
	现有水准							
有无地方政策主导的校企合作平台或机制	重要性							
	现有水准							

续表

评价指标		毫不重要↔一般↔非常重要 非常差↔中↔优						
		①	②	③	④	⑤	⑥	⑦
有无社会化服务机构	重要性							
	现有水准							
就业增加	重要性							
	现有水准							
税收增长	重要性							
	现有水准							

【问表2】 除上述评价指标以外，您认为需要追加考虑的评价指标还应包括哪些？并对其重要性、现有水准进行评分。

评价指标		毫不重要↔一般↔非常重要 非常差↔中↔优						
		①	②	③	④	⑤	⑥	⑦
1)	重要性							
	现有水准							
2)	重要性							
	现有水准							
3)	重要性							
	现有水准							
4)	重要性							
	现有水准							
5)	重要性							
	现有水准							

※非常感谢您参与此次问卷调查！

附录3：

"高职校企合作生态系统评价指标项目的重要性分析"专家咨询问卷

单位（必填）		姓名	
地区（必填）		部门	
工作年限		职位	

问卷说明：请根据您的经验，按重要程度对所列指标进行评分。本项调查的结果将作为确定评价指标权重的主要依据。请各位专家按照示例，针对各二、三级指的重要性采取9度法打分。表的每一行分为两个指标相对重要性判断，在您认为其相对重要程度关系的地方打"√"。

【例】 请对下列用人机制的具体实施指标中各指标组的相对重要程度关系进行打分（√）。

指标	非常重要	↔	重要	↔	相同	↔	重要	↔	非常重要	指标
用人机制的完备性	9	8 7 6	5√	4 3 2	1	2	3√	4 5 6	7 8 9	专家团队的贡献度

【问表1】 请对下列高职校企合作生态系统评价二级指标项目中各指标组的相对重要程度关系进行打分（√）。

二级指标	非常重要	↔	重要	↔	相同	↔	重要	↔	非常重要	二级指标
产教融合度	9	8 7 6	5	4 3 2	1	2	3	4 5 6	7 8 9	政府支持度
产教融合度	9	8 7 6	5	4 3 2	1	2	3	4 5 6	7 8 9	学生参与度
产教融合度	9	8 7 6	5	4 3 2	1	2	3	4 5 6	7 8 9	教师贡献度

续表

二级指标	非常重要	↔			重要		↔	相同	↔		重要			↔	非常重要	二级指标
政府支持度	9	8	7	6	5	4	3	2	1	2	3	4	5	6	7	8	9	学生参与度
政府支持度	9	8	7	6	5	4	3	2	1	2	3	4	5	6	7	8	9	教师贡献度
学生参与度	9	8	7	6	5	4	3	2	1	2	3	4	5	6	7	8	9	教师贡献度

【问表 2】 请对下列产教融合度二级指标项目中各三级指标组的相对重要程度关系进行打分（√）。

三级指标	非常重要	↔			重要		↔	相同	↔		重要			↔	非常重要	三级指标
企业兼职教师课时占专业总课时数比例	9	8	7	6	5	4	3	2	1	2	3	4	5	6	7	8	9	学生订单定向培养人数
企业兼职教师课时占专业总课时数比例	9	8	7	6	5	4	3	2	1	2	3	4	5	6	7	8	9	校企联合设立的产学研基地数量
企业兼职教师课时占专业总课时数比例	9	8	7	6	5	4	3	2	1	2	3	4	5	6	7	8	9	企业投入设备占学校实训设备总值的比例
学生订单定向培养人数	9	8	7	6	5	4	3	2	1	2	3	4	5	6	7	8	9	校企联合设立的产学研基地数量
学生订单定向培养人数	9	8	7	6	5	4	3	2	1	2	3	4	5	6	7	8	9	企业投入设备占学校实训设备总值的比例
校企联合设立的产学研基地数量	9	8	7	6	5	4	3	2	1	2	3	4	5	6	7	8	9	企业投入设备占学校实训设备总值的比例

【问表3】 请对下列政府支持度二级指标项目中各三级指标组的相对重要程度关系进行打分（√）。

三级指标	非常重要	↔		重要		↔	相同	↔		重要		↔	非常重要	三级指标
有无地方性校企合作促进法规或政策	9	8	7	6	5	4	3	2	1	2	3	4	5	6	7	8	9	有无地方政策主导的校企合作平台或机制
有无地方性校企合作促进法或政策	9	8	7	6	5	4	3	2	1	2	3	4	5	6	7	8	9	有无社会化服务机构
有无地方性校企合作促进法规或政策	9	8	7	6	5	4	3	2	1	2	3	4	5	6	7	8	9	政府年均投入校企合作经费
有无地方政策主导的校企合作平台或机制	9	8	7	6	5	4	3	2	1	2	3	4	5	6	7	8	9	有无社会化服务机构
有无地方政策主导的校企合作平台或机制	9	8	7	6	5	4	3	2	1	2	3	4	5	6	7	8	9	政府年均投入校企合作经费
有无社会化服务机构	9	8	7	6	5	4	3	2	1	2	3	4	5	6	7	8	9	政府年均投入校企合作经费

【问表4】 请对下列学生参与度二级指标项目中各三级指标组的相对重要程度关系进行打分（√）。

三级指标	非常重要	↔		重要		↔	相同	↔		重要		↔	非常重要	三级指标
招生计划完成率	9	8	7	6	5	4	3	2	1	2	3	4	5	6	7	8	9	新生报到率
招生计划完成率	9	8	7	6	5	4	3	2	1	2	3	4	5	6	7	8	9	毕业生初次就业率
招生计划完成率	9	8	7	6	5	4	3	2	1	2	3	4	5	6	7	8	9	毕业生就业对口率

续表

三级指标	非常重要	↔		重要		↔		相同		↔		重要		↔	非常重要	三级指标
招生计划完成率	9	8	7	6	5	4	3	2	1	2	3	4	5	6	7	8	9	学校专业与企业的对口程度
招生计划完成率	9	8	7	6	5	4	3	2	1	2	3	4	5	6	7	8	9	毕业半年后平均月薪
新生报到率	9	8	7	6	5	4	3	2	1	2	3	4	5	6	7	8	9	毕业生初次就业率
新生报到率	9	8	7	6	5	4	3	2	1	2	3	4	5	6	7	8	9	毕业生就业对口率
新生报到率	9	8	7	6	5	4	3	2	1	2	3	4	5	6	7	8	9	学校专业与企业的对口程度
新生报到率	9	8	7	6	5	4	3	2	1	2	3	4	5	6	7	8	9	毕业半年后平均月薪
毕业生初次就业率	9	8	7	6	5	4	3	2	1	2	3	4	5	6	7	8	9	毕业生就业对口率
毕业生初次就业率	9	8	7	6	5	4	3	2	1	2	3	4	5	6	7	8	9	学校专业与企业的对口程度
毕业生初次就业率	9	8	7	6	5	4	3	2	1	2	3	4	5	6	7	8	9	毕业半年后平均月薪
毕业生就业对口率	9	8	7	6	5	4	3	2	1	2	3	4	5	6	7	8	9	学校专业与企业的对口程度
毕业生就业对口率	9	8	7	6	5	4	3	2	1	2	3	4	5	6	7	8	9	毕业半年后平均月薪
学校专业与企业的对口程度	9	8	7	6	5	4	3	2	1	2	3	4	5	6	7	8	9	毕业半年后平均月薪

【问表5】 请对下列教师贡献度二级指标项目中各三级指标组的相对重要程度关系进行打分（√）。

三级指标	非常重要	↔			重要		↔	相同	↔		重要			↔	非常重要	三级指标
年新增专利、知识产权数	9	8	7	6	5	4	3	2	1	2	3	4	5	6	7	8	9	年科研经费到账数
年新增专利、知识产权数	9	8	7	6	5	4	3	2	1	2	3	4	5	6	7	8	9	年发表学术论文数
年新增专利、知识产权数	9	8	7	6	5	4	3	2	1	2	3	4	5	6	7	8	9	承担省部级以上项目数
年科研经费到账数	9	8	7	6	5	4	3	2	1	2	3	4	5	6	7	8	9	年发表学术论文数
年科研经费到账数	9	8	7	6	5	4	3	2	1	2	3	4	5	6	7	8	9	承担省部级以上项目数
年发表学术论文数	9	8	7	6	5	4	3	2	1	2	3	4	5	6	7	8	9	承担省部级以上项目数

※非常感谢您参与此次问卷调查！

参考文献

K. Anderson, J. Francois, D. Nelson. Intra-industry Trade in a Rapidly Globalizing Industry: The Case of Wine[J]. Review of International Economics, 2016, 24(4).

Atlan, Taylor. Bring Together Industry and University Engineering Schools in Getting More out for R&D and Technology[R]. The conference Board, 1987.

D. Birchall, J. J. Chanaron. Business School-Industry Cooperation: Lessons from Case Studies in the Automotive Industry[J]. Cheminform, 2006, 31(48).

D. G. R. Mappsc, etc. University and industry partnerships: Lessons from collaborative research[J]. International Journal of Nursing Practice, 2003, 9(6).

Daniel Goleman. Ecological Intelligence[M]. Crown Business, 2009.

D. Fudenberg, J. W. Weibull. Evolutionary Game Theory[J]. Southern Economic Journal, 2010, 98(3).

Eliezer Geisler. Industry – university technology cooperation: a theory of inter-organizational relationships[J]. Technology Analysis & Strategic Management, 1995, 7(2).

H. Etdcowitz, L. Leydesdorff. The triple helix of university-industry. Government relations: A laboratory for knowledge-based economic development EASST Review[J]. 1995(1).

C. Freeman. Technology policy and economic performance: Lessons from Japan[M]. London: Printer Publishers, 1987.

R. E. Freeman. Strategic management: A stakeholder approach[M] Boston: Pitman/Ballinger, 1984: 57.

劳伦斯·A. 克雷明. 公共教育(教育新视野)[M]. 北京: 中国人民大学出版

社,2016.

陈晓静,刘华强,高晶.基于教育生态学的职业教育"双三元"模式理论创新探索[J].中国职业技术教育,2016(18).

陈宏辉,贾生华.企业利益相关者三维分类的实证分析[J].经济研究,2004(4).

陈劲,张学文.日本型产学官合作创新研究——历史、模式、战略与制度的多元化视角[J].科学学研究,2008,26(4).

陈胜.校企合作利益主体的责权与角色定位研究[J].教育与职业,2013(30).

陈拥贤,周劲松.基于校企共生态的职业院校文化建设的探讨[J].河南科技学院学报,2008(4).

成金华,陈军,易杏花.矿区生态文明评价指标体系研究[J].中国人口·资源与环境,2013,23(2).

程培堽.企业参与校企合作分析:交易成本范式[J].职业技术教育,2014(34).

崔发周.高职教育校企合作机制的分类与构建[J].职教论坛,2016(7).

丁金昌,童卫军,黄兆信.高职校企合作运行机制的创新[J].教育发展研究,2008(17).

杜世禄,黄宏伟.高职校企合作中地方政府的角色与功能[J].教育发展研究,2006(11).

范青武,等."六面一体"立体化校企深度合作模式的探索与实践[J].实验技术与管理,2013(12).

冯树清,王东强,田书芹.企业参与职业教育的生态机理探讨[J].中国职业技术教育,2010(36).

高明.合作博弈视角下的职教集团校企合作探索[J].高等职业教育(天津职业大学学报),2011,20(3).

郭春晓,苏旸.一种新的基于量子进化策略的网络安全态势优化预测算法[J].小型微型计算机系统,2014,35(6).

何辉.基于行业联合学院平台的建筑类现代学徒制探索与实践[J].中国职业技术教育,2017(13).

洪贞银.高等职业教育校企深度合作的若干问题及其思考[J].高等教育研究,2010,31(3).

刘建湘.高职院校校企合作机制建设的思考与实践[J].中国大学教学,2011(2).

胡茂波,吴思.博弈论视野下高职教育校企合作的困境与对策[J].教育与职业,2012(23).

胡志鹏,等.基于"科研生态系统"的校企科研合作模式[J].中小企业管理与科技(下旬刊),2010(1).

黄立峰,刘建湘.中部地区高职院校校企合作共生发展机制研究[J].长沙民政职业技术学院学报,2012(3).

黄炎培.学校教育采用实用主义之商榷[M].天津:直隶行政公署教育司,1913.

黄耀五,李勋华.基于政府主导下的高职教育政校企联动机制探析[J].职教论坛,2012(4).

贾生华,陈宏辉.利益相关者的界定方法述评[J].外国经济与管理,2002,24(5).

李春发,王向丽.基于生态学的创意产业生态系统基本架构研究[J].武汉理工大学学报(社会科学版),2013,26(5).

李弟财.生态战略视野下的校企协同研究[J].当代职业教育,2016(1).

李慧,林永春.企业参与职业教育的激励政策探析[J].职业技术教育,2011,32(25).

李林,彭磊,范方方.协同创新项目中校企合作利益均衡影响因素研究[J].湖南大学学报(社会科学版),2017,31(2).

李树涛,沈庆华.基于粒子群优化的文本图像倾斜检测[J].湖南大学学报(自科版),2007,34(11).

李训贵.澳大利亚TAFE学院办学模式及对我国高职教育的启示[J].教育与职业,2008(17).

刘冰峰,王培根,胡春华.校企合作创新模式的借鉴及实施策略[J].商业时代,2008(34).

刘勃,等.基于真实项目的实践教学体系探索[J].高等工程教育研究,2012(1).

刘华东.美国合作教育及其对我们的启示[J].中国高教研究,2002(10).

刘少奇选集(下)[M].北京:人民出版社,1985.

刘卫国.关于现代学徒制管理制度体系的构建及实践[J].青岛职业技术学院学报,2017,30(5).

刘晓.利益相关者参与下的高等职业教育办学模式改革研究[D].上海:华东师范大学硕士学位论文,2012.

刘志民,吴冰.企业参与产学合作培养人才的机理研究——基于新制度经济学的分析[J].高教探索,2013(5).

毛辉.基于共生理论视角的职校校企深度合作研究[J].厦门城市职业学院学报,2017,19(4).

倪勇.高职院校校企深度合作的路径研究[J].中国高教研究,2011(3).

彭真善,宋德勇.交易成本理论的现实意义[J].财经理论与实践,2006(4).

邱璐轶.高职校企合作的影响因素分析[J].教育探索,2011(4):156-157.

邱明娟.利益相关者参与下我国高职教育校企合作发展的研究[D].青岛:青岛大学硕士学位论文,2013.

沈绮云,万伟平.职业教育校企合作长效机制影响因素实证研究——基于结构维度与回归方程的分析[J].高教探索,2015(6).

沈燕.高等职业教育校企合作人才培养机制的构建——基于"5321"模式的探索[J]教育发展研究,2015(7).

石伟平.比较职业技术教育[M].上海:华东师范大学出版社,2001.

史小波,朱利军,郭家星.基于"企业学院"的校企合作模式的探索与实践——以苏州工业园区职业技术学院为例[J].江苏教育研究,2013(21).

苏敬勤.产学研合作创新的交易成本及内外部化条件[J].科研管理,1995(5).

孙建华.嵩山世界地质公园生态旅游资源评价与可持续发展研究[D].武汉:中国地质大学硕士学位论文,2014.

孙建中,黄玉杰.高校科技成果转化系统的因素分析与对策研究[J].河北经贸大学学报,2002,23(2).

谭洁.中国主权财富基金风险管理研究[D].长沙:中南大学硕士学位论文,2010.

唐向红,胡伟.日本产学官合作机制分析及启示——以早稻田大学产学官合作为例[J].东北财经大学学报,2012(3).

王秦,李慧凤,赵玮.基于合作博弈的校企合作长效机制实现路径[J].北京联合大学学报,2016,30(1).

王秦,李慧凤.基于合作博弈的校企合作长效机制构建[J].中国职业技术教育,2014(36).

王蓉拉.可持续发展与人文环境[J].浙江学刊,2003(6).

王双金,徐丽萍.高职院校办学体制机制的改革与创新[J].黑龙江教育(高教研究与评估),2013(4).

王向丽.创意产业生态系统演化的影响因素分析[D].天津:天津理工大学硕士学位论文,2013.

王振洪,王亚南.高职教育校企合作利益机制及构建路径[J].黑龙江高教研究,2014(4).

欧阳萍.从教育生态学角度看人文与科学教育的平衡[J].当代教育理论与实践,2014(9).

王炎斌.利益相关者视阈下高职院校校企合作的生态位管理[J].教育与职业,2010(2).

王自勤.高职院校校企合作的博弈分析[J].中国高教研究,2008(9).

吴戈.高职校企文化渗透融合的探索及实践——以长江工程职业技术学院为例[J].职教论坛,2014(26).

吴建设.高职院校校企"双赢"合作机制的理性思考[J].黑龙江高教研究,2005(1).

吴健辉,黄志坚,贾仁安.校企合作的演化博弈稳定性分析[J].商业研究,2006(23).

吴同喜,孟祥玲.高职教育校企一体生态发展路径探析[J].职业技术教育,2010(35).

吴同喜,孟祥玲.高职教育校企一体生态发展路径探析——以浙江工贸职业技术学院校企合作为例[J].职业技术教育,2010,31(35).

吴新民.论静态与动态博弈中的逻辑推理[J].求是学刊,2008,35(2).

吴雪萍.面向可持续发展的终身职业教育[J].浙江大学学报(人文社会科学版),2007,37(2).

肖洋."互联网+"时代高职院校政校企合作生态系统构建研究[J].现代商贸工业,2017(24).

肖凤翔,陈凤英.校企合作中利益冲突与整合路径[J].中国职业技术教育,2017(36).

杨国良.政府监管有效性及职业教育校企合作发展路径研究[J].中国职业技术教育,2012(30).

杨丽波,王玄.从教育到职业——共生理论视域下的英国校企合作对我国的启示[J].中国职业技术教育,2017(33).

俞大军,等.基于新制度经济学的产学研协同创新理论架构研究[J].科技促进发展,2014(6).

虞璐,楼世洲.高职教育校企合作运行不良的机理分析及其化解[J].职教论坛,2008(23).

詹美求,潘杰义.校企合作创新利益分配问题的博弈分析[J].科研管理,2008(1).

张进,张健.职业教育校企双主体合作的问题、博弈与整合对策[J].中国高教研究,2017(13).

张俊青.高职教育校企合作利益平衡机制探讨——基于博弈论分析的视角[J].高教论坛,2015(6).

张倩.高职院校校企合作教学管理实践与思考——基于现代学徒制的启示[J].机械职业教育,2016(6).

赵德君,冉安平.职业教育产教对接制度现状调查与影响因素分析[J].职业技术教育,2017,38(23).

钟彬杉."校中厂"校企合作模式的探索与实践[J].黄冈职业技术学院学报,2009,11(2).

左家奇."三重融合"模式下校企合作机制探索[J].高等工程教育研究,2010(3).

后 记

自 2014 年 8 月形成写作意向到 2018 年 8 月成稿,本书历经整整四年时间。校企合作作为职业教育最有效的途径,一直以来都是国内外学者研究的热点,也应随着时代环境不断更新发展思路。本书借鉴博弈论、教育生态学等理论的基本思想,从校企合作生态系统的视角诠释校企合作发展中的合作动力不足、层次不高、内涵不丰富、机制不完善、关系不稳定等痛点问题,试图为我国高职教育校企合作协调可持续发展提供新颖的思路和方法。需要说明的是,"演化博弈视角下的高职校企合作生态系统构建"研究是我国职业教育发展面临的一个大课题,本书力尽所得不过是掀开大幕的一角而已。

本书自开始撰写便受到来自政府部门领导、职业教育同行、行业企业界朋友的重视与支持,他们来自全国各地,积极通过会议期间或网络联系等方式参与本书的调研、讨论,为本书写作提供最大的便利,在此表示衷心感谢;还要感谢本书的写作团队,四年来团队成员本着对高职教育发展的高度使命感,从理论梳理、模型构建、问卷设计与调查、调查结果分析研究、评价指标构建到书稿最终优化定稿,付出了大量的时间与精力。

本书写作分工如下:凌守兴负责全书统筹规划、绪论、演化博弈模型构建、校企合作生态分析、总结与展望等内容写作,陈家闯负责市场调研、调研报告整理与写作,林美顺负责评价指标体系构建与健康评价分析。另外,许应楠参与全书统筹规划,葛鑫伟参与校企合作现状与政策的调研,华晓龙、张雯参与了市场调研、资料整理与统稿工作。

2018 年 8 月 28 日